Guía de Estoicismo y Resistencia Mental:

2 en 1: Piensa como un Emperador Romano, Desarrolla una Mentalidad y Resiliencia Emocional Poderosas. La Filosofía Estoica de Marco Aurelio

Table of Contents

Table of Contents 2
Introducción 8
Capítulo 1: ¿Fortaleza Mental? 10
Capítulo 2: Convertirse en Mentalmente Fuerte 15
    Tomar una decisión 16
    Ser consistente 16
    Se consciente de tu diálogo interno. 17
    Determinar lo que puedes y no puedes hacer 18
    Voluntad de abordar primero las cosas difíciles. 19
    Ser muy receptivo. 19
    Espera dolor. 20
    Divida tareas difíciles en piezas fáciles de digerir 20
    Saber cómo manejar el estrés 21
Capítulo 3: Ejercicios de Fortaleza Mental 22
    Crea tu Declaración de Fortaleza Mental 22
    Me+ 50 Actividad 23
    Auto-Habla Remix 24
    ¿Qué hay debajo? 25
    Gestionando expectativas 26
    Meditar, Meditar, Meditar 27
    Visualización y Simulación 28
    Replanteando el fracaso 28
    Obtener un terapeuta 28
    Contador de tiempo 29
    Leer más 30

Crear tu lista de citas 30

Encuentra tu ayuda de responsabilidad 31

Cuidado personal y manejo del estrés 31

Desarrolla tu inteligencia emocional y autoconciencia 32

Refuerce sus debilidades 32

Capítulo 4: 15 Consejos de Personas Mentalmente Fuertes 34

Capítulo 5: Desafío de resistencia mental de 7 días 40

Capítulo 6: Mentalmente Fuerte en tu Vida Diaria 45

Escenarios matrimoniales 46

Escenario 1 46

Escenario 2 47

Escenario 3 49

Escenarios de crianza 50

Escenario 1 51

Escenario 2 52

Escenario 3 53

Escenarios de trabajo 55

Escenario 1 56

Escenario 2 57

Escenario 3 58

Escenarios familiares 60

Escenario 1 60

Escenario 2 61

Escenario 3 63

Escenarios de dinero 64

Escenario 1 64

- Escenario 2 66
- Escenario 3 67
- Escenarios del día a día 68
  - Escenario 1 68
  - Escenario 2 69
  - Escenario 3 70
- Visualizando escenarios cotidianos. 71
- Conclusión 76
- Capítulo 1: ¿Estoicismo? 83
  - 10 principios clave del estoicismo. 84
  - ¿Cómo luce un estoico? 86
- Capítulo 9: Los Métodos Estoicos para Ayudarte a Mejorar tu Vida Moderna 116
  - Te ayuda a construir mejores relaciones 123
  - Te ayuda a no preocuparte por las pequeñas cosas .. 124
  - Te ayuda a tener más control sobre tu vida. 125
  - Puede ayudarte a manejar mejor el estrés 126
  - Te ayuda a vivir en el momento presente. 127
  - Te ayuda a dejar de preocuparte por lo que los demás piensan de ti 128
  - Aprende a estar agradecido por lo que tienes. 129
  - Usando el estoicismo para planificar tu futuro. 135

El Manual de Resistencia Mental:

Cómo Construir Resistencia Mental y Autodisciplina para Enfrentar los Desafíos de la Vida. ¡15 Estrategias Poderosas para Cambiar tu Mentalidad!

© **Derechos de autor 2024 por Robert Clear - Todos los derechos reservados.**

Este libro se proporciona con el único propósito de ofrecer información relevante sobre un tema específico para el cual se ha hecho todo esfuerzo razonable para garantizar que sea preciso y razonable. Sin embargo, al comprar este libro, usted consiente el hecho de que el autor, así como el editor, no son de ninguna manera expertos en los temas aquí contenidos, independientemente de cualquier reclamo que se haga al respecto. Como tal, cualquier sugerencia o recomendación que se presente se hace puramente con fines de entretenimiento. Se recomienda que siempre consulte a un profesional antes de seguir cualquiera de los consejos o técnicas aquí discutidos.

Esta es una declaración legalmente vinculante que es considerada válida y justa tanto por el Comité de la Asociación de Editores como por la Asociación de Abogados de Estados Unidos y debería ser considerada como legalmente vinculante dentro de los Estados Unidos.

La reproducción, transmisión y duplicación de cualquier contenido encontrado aquí, incluyendo información específica o extendida, se realizará como un acto ilegal sin importar la forma final que tome la información. Esto incluye versiones copiadas del trabajo tanto físicas, digitales y de audio a menos que se brinde el consentimiento expreso del Editor con antelación. Se reservan todos los derechos adicionales.

Además, la información que se puede encontrar dentro de las páginas descritas a continuación se considerará precisa y veraz en lo que respecta a relatar hechos. Como tal, cualquier uso, correcto o incorrecto, de la información proporcionada eximirá al Editor de responsabilidad en cuanto a las acciones tomadas fuera de su alcance directo. Sin embargo, no hay escenarios en los que el autor original o el Editor puedan considerarse responsables de ninguna manera por los daños o dificultades que puedan resultar de cualquiera de la información discutida aquí.

Además, la información en las siguientes páginas está destinada únicamente con fines informativos y por lo tanto debe considerarse como universal. Según su naturaleza, se presenta sin garantía en cuanto a su validez prolongada o calidad provisional. Las marcas comerciales que se mencionan se hacen sin consentimiento por escrito y de ninguna manera pueden considerarse un respaldo por parte del titular de la marca.

Introducción

Felicidades por descargar Mental Toughness y gracias por hacerlo.

Los siguientes capítulos discutirán todo lo que necesitas saber sobre cómo convertirte en una persona mentalmente fuerte. Ya sea que quieras ser más fuerte y más elegante en cómo manejas las decepciones de la vida, o si deseas desarrollar tu mente ya fuerte, ¡los siguientes capítulos te ayudarán a lograrlo! Este libro está escrito en un formato fácil de entender, para que puedas comprender los conceptos y aplicarlos de manera efectiva a tu vida. Los temas de los capítulos incluyen lo siguiente:

En el Capítulo 1, se discutirán todas las cosas relacionadas con la fortaleza mental. Aprenderás qué es y qué no es. En el Capítulo 2, se prestará atención a lo que puedes hacer para convertirte en una persona mentalmente fuerte. La diversión comienza en el Capítulo 3, momento en el que aprenderás cómo ejercitar ese músculo de la fortaleza mental. Se darán ejercicios fáciles, simples y prácticos para ayudarte a mejorar tu fortaleza mental y enfoque a lo largo del capítulo. Este capítulo también es excelente para crear una base sólida que te ayude a convertirte en una persona mentalmente fuerte sin importar lo que la vida te depare. El Capítulo 4 ofrece grandes consejos de personas mentalmente fuertes, para que puedas emular su éxito y escuchar lo que tienen que decir.

En el Capítulo 5, tendrás la oportunidad de realizar el desafío de resistencia mental de 7 días. ¡Este desafío se trata de ayudarte a impulsar tu viaje hacia la resistencia mental! Algunas de las tareas durante este camino pueden hacerte sentir incómodo, ¡pero eso está bien! Todas son un paso importante para ayudarte a desarrollar la resistencia mental. El Capítulo 6, el último capítulo, destaca maneras en las que puedes ser mentalmente fuerte en tu vida diaria. Cubre escenarios comunes que pueden surgir en el trabajo, en tus relaciones con amigos y familiares, durante una crisis y otras situaciones cotidianas. La parte divertida de este capítulo te ayuda a utilizar algunas de las habilidades aprendidas en capítulos anteriores para prepararte para el éxito en la resistencia mental.

En última instancia, ¡este libro está repleto de consejos, recomendaciones, ayuda e información para ayudarte a alcanzar tus metas de resistencia mental! No puedo esperar para escuchar sobre todos los éxitos que has obtenido al leer este libro. ¡Supongo que voy a apartarme y dejarte leer!

¡Hay un montón de libros sobre este tema en el mercado! ¡Gracias de nuevo por elegir este! Se hizo todo lo posible para asegurar que esté lleno de la mayor cantidad de información útil posible. ¡Por favor, disfrútalo!

Capítulo 1: ¿Fortaleza Mental?

Fortaleza mental. Escuchamos hablar de ella todo el tiempo, desde líderes espirituales hasta políticos y comentaristas deportivos, sobre cómo las personas necesitan ser fuertes mentalmente. Si quieres tener una vida exitosa, entonces ser mentalmente fuerte es un tema común que surge una y otra vez. Pero, antes que nada, ¿qué es la fortaleza mental?

La fortaleza mental simplemente consiste en ser capaz de superar obstáculos en la vida siendo perseverante y capaz de seguir adelante sin importar cuán difíciles sean las circunstancias que te rodean o qué contratiempos puedas encontrar. Ser mentalmente fuerte requiere dedicación para seguir adelante hacia tu objetivo estableciendo tu mente para hacer lo que te propones y nunca vacilar. Otros términos que puedes haber escuchado al referirte a la fortaleza mental pueden incluir a un atleta estando "en la zona" o siendo un jugador "clutch" en cuanto a deportes. Otras palabras para describirlo serían alguien con garra o resistente. Los atletas, personas en negocios (especialmente en ventas y gerencia), personas en el ejército o cualquiera con un trabajo de alto estrés a menudo son considerados mentalmente fuertes. Muchos líderes exitosos también son considerados como mentalmente fuertes para hacer cosas fenomenales.

Durante la década de 1980, en el campo de la Psicología del Rendimiento, comenzó a estudiarse un concepto conocido como resistencia mental. Este campo de la psicología se hizo conocido como psicología del deporte, y se trata de ayudar a los atletas a alcanzar su máximo potencial afinando sus habilidades mentales para que puedan hacer cosas excepcionales. Vince Lombardi, un exjugador profesional de fútbol americano, es considerado el padrino de la resistencia mental debido a su historial ganador y estándar de excelencia; sin embargo, ser resistente mentalmente no se trata solo de ganar. Este campo de estudio ayudó a personas extremadamente talentosas a seguir siendo exitosas una vez que alcanzaron sus capacidades físicas. ¿Cuál sería la mejor manera de seguir adelante? Aquí es donde entra en juego la resistencia mental. Te ayuda a desafiar tus limitaciones físicas y entrena tu cerebro para seguir adelante y alcanzar tus metas personales a pesar de lo que parecen ser obstáculos insuperables a tu alrededor. Ser resistente mentalmente es algo que surge durante circunstancias extremas; sin embargo, hay algunos pasos fundamentales que puedes seguir para volverte más resistente mentalmente.

La forma más fácil de determinar tu nivel de resistencia mental es recordar lo que sucede cuando te encuentras en situaciones difíciles. (Lo bueno de este libro es que no tienes que decirlo en voz alta, solo puedes pensarlo). ¿Normalmente te detienes cuando las cosas se ponen difíciles? ¿Encuentras una forma de culpar a otras personas si las cosas no salen como esperabas? ¿O sigues adelante sin importar cuál sea la situación? Dependiendo de cuál sea tu respuesta, puedes determinar si eres al menos un poco resistente mentalmente o no. Lo bueno es que, sin importar cuál sea tu respuesta, siempre puedes mejorar tu resistencia mental. Pero antes de llegar a eso, ¿cuáles son los pasos fundamentales que puedes seguir para aumentar tu resistencia mental? Sigue leyendo para descubrir más.

El primer paso para ayudarte a volverte mentalmente más fuerte es conocer tu tipo de personalidad. Hay muchos tests de tipo de personalidad que puedes realizar para ayudarte a determinar qué tipo de personalidad tienes. A menudo puedes realizar estos tests de forma gratuita, y puedes hacerlo en casa de manera bastante rápida. Es importante conocer tu tipo de personalidad porque entonces puedes determinar qué pasos deberías tomar para desarrollar tu fuerza mental. Una prueba de personalidad popular es el Test de Tipología de Jung. Una búsqueda en Google también te dará más resultados.

El siguiente paso fundamental que desea tomar es poner en marcha su mentalidad emprendedora. Normalmente, las personas emprendedoras son consideradas aquellas que tienden a tener ya una gran dosis de resistencia mental. El siguiente rasgo de personalidad que desea empezar a desarrollar para volverse más resistente mentalmente es ser más consciente de sí mismo. Cuando eres consciente de ti mismo, puedes eliminar tus prejuicios en una situación y mirarla con una mente abierta. Puedes mirar un escenario y descubrir por qué hiciste algo al separar tus emociones de la situación. En otras palabras, puedes empezar a mirar las situaciones de manera objetiva. Luego, puedes pensar en maneras de hacer las cosas de forma diferente para ayudarte a desarrollar tu resistencia mental. No se preocupe, hablaremos más de esto en los siguientes capítulos.

A continuación, querrás saber si eres una persona optimista (vaso medio lleno) o pesimista (vaso medio vacío). ¿Te mueves por la vida porque eres optimista sobre las oportunidades? ¿O te mueves por la vida porque quieres evitar resultados negativos? Ambos factores son motivadores importantes y saber cuál eres va a ser muy importante en cómo entrenas a tu cerebro para ser mentalmente fuerte.

Otro aspecto importante y fundamental de ser mentalmente fuerte es conocerte a ti mismo. Esto es similar a ser consciente de ti mismo, excepto que no tienes que preocuparte por factores externos. Cuando te conoces a ti mismo, puedes determinar por qué haces algo o cuál es tu motivación para tus metas personales. ¿Cuál es tu motivación o cuál ves como tu propósito personal en tu vida? Saber quién eres y por qué haces algo es una parte integral de ser mentalmente fuerte.

A lo largo de la misma línea, también es importante poder pensar en tu infancia. Cuando lo haces, puedes darte cuenta de que las cosas que ocurrieron en tu infancia te están afectando ahora y puedes ser capaz de corregir algunas de esas creencias que te están limitando.

Ahora que sabemos qué es la fortaleza mental y las consideraciones fundamentales en las que debes reflexionar antes de comenzar tu viaje hacia la fortaleza mental, cambiaremos ahora de enfoque a lo que la fortaleza mental no es.

La fortaleza mental no es a corto plazo; es una búsqueda de por vida. No me malinterpretes. Puedes usar la fortaleza mental para alcanzar metas a corto plazo, pero es una habilidad a la que puedes recurrir una y otra vez. No es algo único. La capacidad de ser continuamente fuerte mentalmente es una verdadera determinación de si tienes o no el músculo de la fortaleza mental. Pero al igual que con cualquier músculo o habilidad, cuanto más lo uses, mejor te vuelves en ello.

La fuerza mental no es para los débiles de mente, pero los débiles de mente pueden usarla. Si eres mentalmente fuerte, inherentemente no eres débil. Puedes ser fuerte físicamente y aún así tener fuerza mental. No es solo para personas que son fuertes físicamente. La noticia aún mejor es que la fuerza mental es una habilidad que incluso aquellos que no han necesitado ser mentalmente fuertes pueden desarrollar.

Por último, la fuerza mental no se compra. Hay algunas

habilidades que puedes comprar, como ayuda adicional para asistirte en tu hogar, como una empleada doméstica o personal de mantenimiento. Incluso puedes comprar los servicios de un peluquero, barbero o técnico de uñas. También hay algunas cosas que puedes comprar, como partes del cuerpo, autos, casas y más activos físicos. Sin embargo, la fuerza mental no es uno de los servicios o activos que se pueden comprar. Tienes que trabajar para obtenerla. Para aprovechar al máximo tu vida, necesitas ser mentalmente fuerte. No hay "si", "pero" o "quizás" al respecto.

El resto del libro se centrará en cómo se ve la fortaleza mental en un estilo de vida vivido y cómo desarrollar este rasgo tan importante.

Capítulo 2: Convertirse en Mentalmente Fuerte

Si piensas que ser mentalmente fuerte es extremadamente difícil de lograr, no estás del todo en lo cierto, pero tampoco estás completamente equivocado. Este capítulo destacará cómo puedes volverte mentalmente fuerte. Piensa en cada paso para volverte mentalmente fuerte como un peldaño en una escalera. Para alcanzar la cima de la escalera, necesitas subir cada paso para llegar a la cima, así que mientras más peldaños subas, más cerca estarás de llegar a la cima. Sin embargo, debes subir completamente cada paso para alcanzar con éxito la cima.

¿Por qué quieres ser mentalmente fuerte? El camino hacia ser mentalmente fuerte no va a ser fácil. Te encontrarás con muchos contratiempos y desafíos en el camino para desarrollar esta habilidad que pondrá a prueba tus límites. Por lo tanto, antes de comenzar, debes saber por qué quieres ser mentalmente fuerte. ¿Es porque estás tratando de ganar una competencia olímpica? ¿Es porque quieres impresionar a tus padres y mostrar que eres responsable? ¿O es porque quieres alcanzar otros objetivos personales, financieros, mentales o espirituales? Sea cual sea tu motivo para convertirte en una persona mentalmente fuerte, es tu motivo personal, pero asegúrate de que este motivo esté basado en tus metas personales, creencias y deseos, y no en las de los demás. Si tu decisión se basa en la influencia u opinión de otras personas, este camino no te ayudará cuando realmente lo necesites. Debes enfocarte en qué tipo de persona eres ahora, quién quieres ser, y la importancia de ser mentalmente fuerte para que puedas alcanzar esa meta.

Tomar una decisión

Este es el primer paso en convertirse en mentalmente fuerte. Tienes que decidir volverte mentalmente fuerte. Esta decisión es clara y cuando decidas que quieres ser mentalmente fuerte, lo lograrás. Para subir el primer escalón, necesitas tomar la fácil decisión de "Hey, quiero ser mentalmente fuerte". Una vez que tomes esa decisión, todo lo demás debería encajar. Una vez que tomes esa decisión, reconoce y acepta que no será fácil. Cuando comiences, ya debes esperar dificultades, así que cuando lleguen, no te afectarán tanto como para que quieras rendirte. Si fuera fácil ser mentalmente fuerte, entonces todos lo harían. Un cliché, lo sé, pero es verdad. Así que, el primer escalón nuevamente es decidir ser mentalmente fuerte y luego no esperar que el camino hacia la fortaleza mental sea fácil.

Ser consistente

El siguiente paso para volverse mentalmente fuerte es ser constante. Dado que ya sabes que quieres volverte mentalmente fuerte, tendrás que ser constante en esa búsqueda. Esto significa que, sin importar lo que esté sucediendo a tu alrededor, necesitas hacer lo mismo todos los días. Si estás tratando de desarrollar tu fortaleza mental para alcanzar una meta personal, significa que trabajarás en tus ejercicios de fortaleza mental con intensidad. En otras palabras, significa que vas a trabajar con intensidad todos los días. Si estás tratando de desarrollar tu fortaleza mental en el ámbito deportivo, esto significa que necesitas practicar como si fueras a jugar en el partido, lo que significa que debes esforzarte y ser intenso en todo momento en la práctica, para que no te sorprendas cuando estés en el juego real. Si estás en el campo de las ventas, significa que haces tus llamadas de venta con el mismo profesionalismo e intensidad todos los días, como si cada llamada telefónica fuera a ser una venta. Este compromiso con ser constante es el siguiente paso para ser mentalmente fuerte. Ser constante significa que si te encuentras en una situación difícil que pone a prueba tu crecimiento o te impide trabajar, encontrarás la manera de superar ese desafío y ser constante sin importar la negatividad o dificultades a tu alrededor. Aspira a la excelencia en todo lo que haces.

Se consciente de tu diálogo interno.

El siguiente escalón que deseas tomar en tu camino hacia ser mentalmente fuerte es ser consciente de tu diálogo interno. Cuando las cosas se ponen difíciles, ¿eres rápido para rechazarte a ti mismo? ¿Usas palabras como no puedo, no sé, nunca podré hacer eso, u otras palabras negativas en tu vocabulario? ¿Eres rápido para desear que no estás haciendo lo que estás haciendo cuando surge una situación desagradable? ¿Te dices cosas negativas? ¿O te estás animando a ti mismo? ¿Eres también amable y gentil contigo mismo? ¿Te dices a ti mismo que debes seguir adelante sin importar las probabilidades? Si respondiste que te hablas negativamente a ti mismo, debes detenerte. Tu diálogo interno debe cambiar de negativo a positivo. Para ser mentalmente fuerte, tienes que decirte cosas positivas. Este pensamiento positivo te ayuda a seguir adelante cuando las cosas parecen que van a fracasar. Aquellos que piensan positivamente pueden tener éxito porque creen que pueden.

En la misma línea, las personas mentalmente fuertes piensan de forma positiva, pero no se obsesionan. A veces, puedes perder el enfoque en la tarea actual cuando te obsesionas. La sobrethinking se convierte en un diálogo interno negativo, y vuelves al lugar negativo en el que estabas antes. El exceso de pensamiento te impide avanzar porque estás demasiado ocupado pensando en lugar de actuar. Las personas mentalmente fuertes toman decisiones con confianza y se adhieren a ellas. Una vez que toman esa decisión, piensan positivamente en el resultado y toman las medidas necesarias para ayudarles a avanzar hacia sus objetivos.

Determinar lo que puedes y no puedes hacer

El siguiente escalón para alcanzar la fortaleza mental es ser capaz de determinar qué puedes hacer acerca de una situación y qué no puedes hacer. Esta habilidad de dominar lo que puedes hacer acerca de algo y lo que no puedes hacer es una necesidad. Para volverte mentalmente fuerte, debes enfocarte en lo que puedes hacer y no en lo que no puedes hacer en una situación dada. Al prestar atención a lo que puedes hacer, te aseguras de que realmente puedes cambiar la situación al cambiar activamente lo que puedes en lugar de perder tiempo en cosas que no puedes cambiar.

Los Memphis Grizzlies tienen un dicho que dice: "Aquí nos esforzamos". Esto significa que sus equipos de baloncesto siguen jugando duro sin importar quién sea el equipo. Pueden jugar contra el peor equipo de la liga y seguirán esforzándose. Jugarán contra el mejor equipo de la liga y también se esforzarán. Para ser mentalmente fuerte, también debes esforzarte. Otra forma de decirlo es simplemente perseverar. Esto significa que sin importar cuáles sean los obstáculos, sigues adelante. Significa que incluso cuando tu cuerpo te duela y tienes una repetición más, lo logras. Significa que cuando estás cansado y quieres ir a dormir, sigues adelante con ese compromiso de esforzarte. Esforzarte fortalece tu músculo de la resistencia mental.

Voluntad de abordar primero las cosas difíciles.

Este es el siguiente escalón hacia la fortaleza mental, lo cual significa que no tienes miedo de manejar situaciones difíciles sin importar lo incómodas que puedan ser. Además, para volverte mentalmente fuerte, tienes que saber que el fracaso no es malo; en realidad, es algo bueno. Cuanto más fracases en tu tarea, te ayuda a darte cuenta de lo que necesitas hacer para tener éxito. Esta capacidad de pensar en el fracaso de manera positiva es muy importante cuando estás en el camino para volverte mentalmente fuerte. Esto te ayuda a darte cuenta de que las personas mentalmente fuertes siguen adelante sin importar qué. El fracaso solo te está ayudando a acercarte un paso más a tu objetivo.

Ser muy receptivo.

El siguiente escalón que querrás dominar es ser muy receptivo. Esto significa que sin importar lo que suceda, puedes ajustarte y ser flexible. No estás estancado, y quieres mantenerte de la misma manera. Sabes que la única constante en la vida es el cambio y estás bien con eso. Para ser mentalmente fuerte, debes ser capaz de fluir con los cambios, modificar tu plan de juego y estar bien con eso. Si te resistes al cambio, vas a tener un momento difícil. Por lo tanto, prepárate mentalmente para que necesitarás cambiar.

Espera dolor

Oh, por si no lo dije, permíteme decirlo de nuevo. ¡El camino hacia la fuerza mental no será fácil! Por lo tanto, el próximo paso hacia la cima es esperar dolor. Permíteme repetirlo, el camino hacia la fuerza mental no será fácil. Digo esto porque estar en dolor es incómodo y el próximo paso hacia la cima es estar bien con sentirse incómodo. A veces, sentirse incómodo es un paso que a nadie le gusta tomar, pero tienes que superar este paso para ser mentalmente fuerte.

Divida tareas difíciles en piezas fáciles de digerir.

El siguiente y último escalón que debes superar en la escalada hacia la fortaleza mental es la capacidad de descomponer tareas difíciles en piezas fáciles de digerir. Si estás entrenando para un maratón, no vas a empezar corriendo 13 millas de una vez. Vas a correr milla por milla. Y el camino hacia la fortaleza mental es de la misma manera. Cuando estás volviéndote mentalmente fuerte, avanzas un poco a la vez hasta que todo se une. De repente, te das cuenta de que estás manejando situaciones difíciles como un profesional. Otro aspecto importante de este escalón es saber cómo manejar tus expectativas. Al mantener tus expectativas realistas, puedes seguir adelante en lugar de frustrarte con la desilusión, la desesperación y el dolor de no alcanzar tus metas tan rápidamente como te gustaría.

Saber cómo manejar el estrés

Por último, cuando eres mentalmente duro, sabes cómo manejar el estrés. Este paso es fundamental para ser mentalmente fuerte. Cuando las cosas se ponen difíciles, y sabemos que lo harán, podrás hacerle frente al estrés si sabes cómo manejarlo. Una de mis frases favoritas es que ser mentalmente fuerte no se trata de pasar por encima, sino de cómo te repones. ¡Qué cierto es eso! Cuando las cosas son estresantes, está bien tomar un descanso, reagruparte y volver a la tarea. Eso no significa que estás fallando en ser fuerte mentalmente. Solo significa que conoces tus limitaciones y estás listo para recargarte y volver a la tarea una vez que te hayas reagrupado.

El camino hacia la fortaleza mental va a ser duro y largo, pero si avanzas poco a poco y desarrollas las habilidades necesarias, serás un profesional mentalmente fuerte antes de lo que piensas.

Capítulo 3: Ejercicios de Fortaleza Mental

Este capítulo trata sobre poner el trabajo en volverse mentalmente fuerte. Ahora sabemos cuáles son los pasos que necesitas seguir para llegar a la cima de la escalera de la fortaleza mental, pero ¿cómo se ve esto en la práctica? Este capítulo te brinda ejercicios que te ayudarán a desarrollar las habilidades para ser mentalmente fuerte en el capítulo anterior. Esto te ayudará a poder subir la escalera hacia la fortaleza mental mucho más fácilmente que si no los haces. Si un ejercicio parece difícil al principio, está bien porque también se espera eso. ¡Continúa esforzándote para mejorar en la actividad y verás los resultados! Así es como funciona la fortaleza mental. Sigues trabajando en algo hasta que mejores en ello.

Crea tu Declaración de Fortaleza Mental

La primera actividad en nuestra caja de herramientas de ejercicios de resistencia mental es crear tu declaración de misión. En tu declaración de resistencia mental, quieres incluir algunas preguntas. Primero, considera ¿por qué quieres ser mentalmente fuerte? Eso debería estar incluido en tu declaración de resistencia mental. Luego, quieres darte un marco de tiempo o un objetivo para cuándo quieres ver mejoras en tu resistencia mental para que puedas ver algunas mejoras dentro de ese marco de tiempo. Por supuesto, quieres ser realista. En el peor de los casos, si no logras tu objetivo, estás bien con eso. Este documento es un documento vivo, lo que significa que puede cambiar para satisfacer tus necesidades.

Por último, es posible que desees firmar tu declaración de fortaleza mental como si fuera un contrato para que sea legalmente vinculante contigo mismo. Esto te ayudará a ser más responsable de tus acciones. También querrás guardar tu declaración de fortaleza mental en un lugar especial, para que puedas sacarla y mirarla en cualquier momento, o incluso ponerla en la pared, para que la puedas ver todo el tiempo. También puedes embellecer tu declaración sacando tu kit de caligrafía y escribiéndola con tu tinta especial o en papel especial, o añadir brillo y destellos al documento para que realmente resalte.

Me+ 50 Actividad

Esta actividad trata de ayudarte a descubrir la persona que quieres ser. ¿Quién serás en 50 años? ¿De qué color será tu cabello? ¿Qué tipo de ropa usarás? ¿Dónde vivirás? ¿Cómo será tu familia? ¿Qué tipo de trabajo tendrás? ¿Tendrás alguna mascota? ¿Tendrás alguna enfermedad? ¿Estarás jubilado o seguirás trabajando? ¡Deja volar tu imaginación! Escribe todo lo que puedas sobre cómo te ves a los 50 años, y luego verifica si tus acciones diarias van en esa dirección. Si quieres tener un barco pero no sabes cómo comprarlo, ¡investiga! Cuanta más información tengas, más podrás dar los pasos adecuados para alcanzar tus metas.

Auto-Habla Remix

La próxima actividad está dirigida hacia tu diálogo interno. Una vez que hayas terminado esta actividad, el objetivo es ayudarte a tener de manera constante más diálogo interno positivo que negativo. Si ya estás haciendo un gran trabajo con tu diálogo interno, está bien. Puedes hacer esta actividad y reforzará tu diálogo interno positivo para llevarlo al siguiente nivel. Lo primero que quieres hacer es tomar una hoja de papel y un bolígrafo. Dibuja una línea recta en el medio de la página. Luego, en el lado izquierdo, escribe algunas de las frases que más dices en tu diálogo interno. Asegúrate de incluir cada cosa negativa que digas, incluso si consiste en las palabras no puedo, no lo haré, o no lo hago.

Ahora, en el lado derecho del papel, escribe la versión positiva de ese diálogo interno negativo. Asegúrate de incluir palabras afirmativas positivas como puedo, lo haré y lo hago. Estudia estas frases para que la próxima vez que tu mente comience a decir el diálogo interno negativo, automáticamente reemplace las frases negativas con las positivas que acabas de escribir. Cada vez que te atrapes con una frase negativa de diálogo interno, agrégala a la lista. Hazlo una y otra vez para que puedas empezar a corregirte automáticamente.

Alternativamente, también puedes cambiar por completo tu diálogo interno y darte uno nuevo. Lo que puedes hacer es crear una lista de afirmaciones. Las afirmaciones son como mantras que te dices a ti mismo todos los días para obtener resultados positivos. Las mismas afirmaciones se pueden aplicar para desarrollar tu diálogo interno. Algunos mantras que puedes usar son los siguientes: Eres mentalmente fuerte. Puedes superar una situación difícil. Las situaciones no te afectan. Tú estás a cargo de tu destino. Puedes usar estos para empezar o puedes crear los tuyos propios.

¿Qué hay debajo?

Descubrir tus creencias limitadas es el propósito de esta próxima actividad. En esta actividad, debes hacer un viaje al pasado. ¿Cuáles son dos creencias limitantes que tienes? Una creencia limitante es similar al diálogo interno negativo. Es una creencia que te limita a alcanzar tu máximo potencial. Por ejemplo, una creencia limitante puede ser que 'las personas gordas son perezosas', pero eso puede que no sea cierto en absoluto. Otra creencia limitante podría ser que no eres capaz de ganar más de cierta cantidad de dinero porque las personas ricas son el demonio. Todos tenemos creencias limitantes. ¿Cuáles son las tuyas? Escríbelas.

Luego, regresa a tu recuerdo más temprano de esta creencia limitante. ¿Cuándo la escuchaste por primera vez? ¿Tienes esta creencia porque alguien te dijo que era verdadera? ¿O tienes esta creencia limitante por algo que observaste en tu vida? Una vez que llegues a la raíz de por qué tienes esta creencia limitante, entonces querrás explorar las posibilidades opuestas y alternativas de esta creencia. ¿Es posible que tu creencia limitante no sea verdadera? ¿Cómo sonaría la creencia limitante si fuera diferente? ¿Todavía crees en esa creencia limitante o ha cambiado para ti? Si es así, ¿por qué sigues creyéndola? Si ya no crees en esa creencia limitante, reemplázala con la versión positiva de la creencia limitante. Entonces, en lugar de 'Las personas que son millonarias están moralmente en bancarrota', prueba 'Las personas que son millonarias no están moralmente en bancarrota'.

Cada vez que tengas una creencia limitante, retrocede en el

tiempo para tratar de averiguar por qué adquiriste esa creencia limitante. Explora si aún crees en ella o no, y si no lo haces, piensa en qué puedes hacer para cambiar la creencia limitante a una positiva para que no esté frenando tu vida.

Gestionando expectativas

Todos tenemos metas que queremos lograr. El propósito de esta actividad es desglosar tus metas en pequeños pasos accionables. Después de anotar tus creencias limitantes, lo siguiente que debes escribir son tus expectativas. Las personas mentalmente fuertes manejan sus expectativas y pueden cambiarlas si no se cumplen. Cuando escribes tus expectativas, ¿son realistas? Por ejemplo, si quieres ser cirujano cerebral pero no has ido a la escuela de medicina, esa no es una expectativa realista.

Si quieres correr 13 millas pero ni siquiera has corrido una milla, esa no es una expectativa realista. Asegúrate de que tus expectativas sean realistas. Si las cosas que quieres hacer parecen demasiado grandes, encuentra una forma de dar pasos para lograr lo que quieres alcanzar. Si no eres consciente de ti mismo y estás trabajando en esa habilidad, entonces puedes recurrir a alguien más, como un amigo o un miembro de la familia u otra persona en quien confíes, para ver qué piensan sobre tus expectativas. Pero toma lo que dicen con precaución para asegurarte de que estás siendo fiel a ti mismo. Lo más probable es que te hagan saber si estás siendo realista o no con tus metas. Ahora, no estoy diciendo que debas limitar tus metas. De todas formas, apunta a las estrellas. Simplemente ten en cuenta que si tienes metas elevadas, puedes esperar tener que trabajar mucho más que si tus metas no son tan ambiciosas. Sea cuales sean tus metas, solo mantente abierto a cómo cambiarán tu vida y ajusta tu vida en consecuencia.

Meditar, Meditar, Meditar

La meditación es la siguiente actividad importante en la que debes adquirir el hábito de hacer. Si aún no has comenzado, hazlo ahora para que puedas empezar a sintonizar contigo mismo y estar más abierto/a para saber si estás progresando en tus metas o no. Dedica de 10 a 15 minutos para intentar meditar cada día. Asegúrate de que el lugar que elijas sea agradable y tranquilo. Si necesitas crear un lugar especial, por favor hazlo. Una vez que encuentres un lugar tranquilo y te hayas dado tiempo, trata de calmar tus pensamientos ocupados.

Durante este momento tranquilo, puedes reflexionar sobre situaciones que te molestan y cómo manejarlas o meditar sobre resultados que deseas lograr. Para adquirir el hábito de calmar tus pensamientos, puedes imaginar tu lugar tranquilo favorito. También puedes poner música relajante para ayudarte a relajarte. Puedes respirar lentamente para calmarte. Luego, piensa en las cosas por las que has pasado o estás experimentando actualmente. A veces, después de una sesión de meditación, puedes darte cuenta de algunas verdades incómodas. Si eso sucede, debes ser capaz de enfrentar esas verdades adecuadamente sin importar lo incómodo o doloroso que pueda ser.

Si no quieres pensar en tus problemas mientras haces esta sesión de meditación, puedes hacer afirmaciones en su lugar. Todo lo que tienes que hacer es repetirlas una y otra vez hasta que empieces a ver que tu diálogo interno refleje eso. ¡Créeme, una vez que comiences a meditar, verás una diferencia en tu fortaleza mental!

Visualización y Simulación

La visualización es similar a la meditación, excepto que cuando visualizas algo en lugar de simplemente pensar en lo que estás pasando, realmente lo imaginas en detalle. Por ejemplo, si estás visualizando que algún día tendrás una casa, en esta técnica te imaginas cómo es la casa. ¿Cuándo fue construida? ¿Cómo está decorado el interior? ¿Cómo lucen el jardín y el patio trasero? ¿Quiénes son tus vecinos? Intenta visualizar lo que quieres lograr de la forma más detallada y específica posible. Trata de mantenerlo lo más detallado posible para que puedas verlo cobrar vida. Además, trata de mantener tus visualizaciones lo más positivas y realistas posible.

Replanteando el fracaso

Replantear el fracaso es la siguiente actividad. Piensa en algunos de tus fracasos recientes. En lugar de centrarte en por qué no funcionó, piensa en todas las cosas que has aprendido del fracaso. Al enfocarte en el conocimiento que obtuviste de la tarea, puedes intentar los pasos nuevos y mejorados la próxima vez que intentes la misma tarea. Este compromiso de examinar lo que fue exitoso en tus acciones y lo que no lo fue, y lo que puedes hacer para mejorar, te ayudará a volverte mentalmente resistente.

Obtener un terapeuta

Esta próxima actividad puede costarte algo de dinero pero

puede valer la pena. Si sientes que estas actividades te abruman o desencadenan pensamientos que te hacen sentir la necesidad de explorar algo, puedes comunicarte con un terapeuta. Algunos terapeutas no les importa ayudarte a enfrentar tus pensamientos y descubrir formas para que te vuelvas mentalmente fuerte. Si tienes seguro, a veces está cubierto en la póliza del seguro. Puedes consultar con tu proveedor de seguros para ver si proporcionarán al terapeuta de forma gratuita o no. Si no tienes seguro, a menudo hay muchas oportunidades gratuitas para obtener terapia gratuita. Investiga organizaciones locales sin fines de lucro en la zona que puedan ayudarte. Si te sientes extremadamente abrumado o suicida, aprovecha las líneas directas que pueden ayudarte con tu fortaleza mental en ese preciso momento.

Buscar ayuda no es señal de debilidad; en realidad significa que eres muy fuerte y mentalmente resistente. Te ayuda a obtener ayuda profesional para desarrollar tu fortaleza mental. Ahora, si no tienes dinero o no crees que esto sea necesario, está bien. Decidir no acudir a un terapeuta mental no evitará que desarrolles tu fortaleza mental. Puedes seguir desarrollando tu fortaleza mental haciendo los ejercicios sugeridos.

Contador de tiempo

Lo siguiente que quieres hacer es examinar tu tiempo. Haz un horario de tus actividades diarias. Puedes escribir manualmente los horarios de mediodía a medianoche o imprimir un calendario de una semana de Internet y completarlo. Para esta actividad, quieres ser lo más detallado posible, así que trata de contabilizar cada minuto. Si no puedes recordar todo, está bien. Solo escribe lo que puedas recordar. Una vez que anotes esas cosas, evalúa tus actividades diarias y el tiempo que pasas en ellas. ¿Cuánto tiempo pasas haciendo las necesidades como comer, dormir, trabajar y pasar tiempo con tu familia? ¿En qué cosas inviertes tiempo que no te ayuda a alcanzar tus metas? ¿Estás pasando mucho tiempo navegando por la web, chismorreando o en redes sociales sin ayudarte a mejorar tus metas o sin ayudarte activamente a volverte mentalmente fuerte? Cualquiera sea la cosas que están desperdiciando tu tiempo, busca una forma de reducirlas. En lugar de eso, dedica tu tiempo a actividades que te ayuden a impulsar tu fortaleza mental.

Leer más

Para volverse mentalmente fuerte, puedes comenzar a leer más. Lee de manera diversa y lee cosas que normalmente no leerías. Esto te expondrá a una amplia gama de pensamientos que desafiarán tu cerebro y reforzarán tus conocimientos. Cuanto más sepas, más capaz serás de manejar diversas situaciones porque tienes una amplia base de experiencia de la cual sacar. No necesitas leer largas novelas. Puedes leer revistas o incluso visitar sitios web y leer artículos sobre temas que normalmente no lees. Puedes visitar cualquier periódico en línea o en la tienda y revisar su información para leer una amplia gama de temas.

Crear tu lista de citas

Lo siguiente es crear una lista de citas de tus personas mentalmente fuertes favoritas. Estas citas te ayudarán a mantenerte mentalmente fuerte frente a la adversidad. Puedes listarlas junto a tu declaración de misión, para que puedas tener algo de inspiración cuando las cosas se pongan difíciles. También puedes usar las redes sociales para seguir a personas mentalmente fuertes o a aquellos que te inspiran a ser uno. Puedes empezar con una lista de 10 citas y puedes seguir añadiendo a la lista a medida que encuentres más citas geniales para ayudarte en el camino.

Encuentra tu ayuda de responsabilidad

Querrás encontrar a tu compañero de responsabilidad. Puedes encontrar a ese compañero de responsabilidad en línea o en persona; puede ser un amigo o un miembro de la familia en quien confíes. También puedes encontrar un grupo de apoyo donde cada uno se anime mutuamente, se motive y lleve un registro del progreso del grupo. Tener ayuda y ser responsable en tu camino hacia la fortaleza mental hará que otros te llamen por tus excusas si no estás haciendo el trabajo necesario para volverte mentalmente fuerte. También puedes comunicarte con aquellos a quienes consideres mentalmente fuertes para obtener información y consejos sobre cómo se volvieron mentalmente fuertes para que puedas aplicarlo también en tu vida.

Cuidado personal y manejo del estrés

La próxima actividad que quieres hacer es descubrir una manera de gestionar tu autocuidado. El autocuidado es cómo cuidas de ti mismo cuando las cosas se ponen estresantes. Esto es importante porque es parte de la forma en que manejas el estrés. Elabora un plan. ¿Qué vas a hacer cuando estés estresado? ¿Vas a escuchar una canción en particular, o leer una revista específica, o llamar a alguien? Saber cómo cuidar de ti mismo y cómo manejar tu estrés te ayudará a tener éxito mientras intentas volverte mentalmente fuerte. Cuando te decepcionas, no quieres quedarte sumido en tu autocompasión porque eso te impide avanzar. Las personas mentalmente fuertes enfrentan las situaciones de frente y encuentran una manera de resolver el problema.

Desarrolla tu inteligencia emocional y autoconciencia

Ser emocionalmente inteligente y tener conciencia de uno mismo son aspectos importantes de ser mentalmente fuerte. Ser emocionalmente inteligente se reduce a esto: quieres asegurarte de ser empático con todos los que conoces sin importar cuál sea la situación y aprender a tratar a los demás como te gustaría que te trataran en todo momento. Ser consciente de uno mismo es ser extremadamente consciente de cómo los demás te perciben, ya sea verdadero o no, y reaccionar en consecuencia. Ser consciente de uno mismo a nivel personal es estar sintonizado con tus limitaciones y ser honesto acerca de la situación en curso. Esta es una habilidad que se practica mejor todos los días. Ambas habilidades trabajan en conjunto para ayudarte a obtener una imagen clara de lo que sea que estés enfrentando para no actuar a ciegas.

Refuerce sus debilidades

Esto es una consecuencia de ser consciente de uno mismo, pero esto requiere que agarres de nuevo un bolígrafo y papel. Dibuja una línea en el medio del papel. También puedes usar un teléfono. Aparta 20 minutos, y luego lista las debilidades que tienes en el lado izquierdo. En el lado derecho, escribe cómo estás complementando tus debilidades o encontrando una forma de mejorarlas o emparejarlas con una solución, para que esto no sea un obstáculo en tu viaje de fortaleza mental. Por ejemplo, tener mal genio puede ser tu debilidad. Una forma de reforzar esa debilidad es inscribirte en clases de control de la ira. También puedes intentar formar una estrategia cuando te enojas, como tomar 10 respiraciones profundas para que no pierdas el control. No importa cuán grande o pequeña sea la debilidad, si puedes encontrar una forma de fortalecerla, serás mucho más fuerte.

Ahora que tus peldaños hacia la fortaleza mental están siendo reforzados con estas actividades, vamos a escuchar a continuación a personas mentalmente fuertes. Los consejos que te darán provienen directamente de la fuente y ofrecen información valiosa sobre cómo ser mentalmente fuerte. El siguiente consejo no es especulación. Es un consejo probado y verdadero que personas de la vida real han utilizado para volverse más mentalmente fuertes en su vida.

Capítulo 4: 15 Consejos de Personas Mentalmente Fuertes

Me encanta escuchar de las personas sobre cómo han desarrollado su músculo de la resistencia mental porque muestra que esta habilidad de hecho se aprende, y puede volverse más fuerte con los hábitos que sigues. Aunque estas personas son anónimas, siempre puedes obtener apoyo adicional y consejos de personas que consideres mentalmente fuertes al preguntarles qué hicieron para llegar a este punto. La mayoría de las personas están más que dispuestas a compartir sus consejos y percepciones con aquellos que están ansiosos por aprender, así que no tengas miedo de buscar ayuda.

1. Deja de beber demasiada cafeína. Si eres un amante del café como yo, esto es difícil. Las personas mentalmente fuertes no dependen de la cafeína porque hace que la adrenalina bombee en tu cuerpo. Esto significa que cuando llega el momento de tomar decisiones difíciles para una persona adicta a la cafeína, es posible que no puedas tomar la decisión más clara posible. Al eliminar la cafeína, puedes acceder plenamente a tus pensamientos en cualquier momento y no depender de un estimulante.

1. Siéntete bien al pasar tiempo contigo mismo. Cuando pasas tiempo a solas reflexionando sobre diferentes escenarios y siendo consciente de cómo reaccionaste frente a una situación, afinas el músculo de la resistencia mental. De igual manera, cuando puedes estar solo, sin aburrirte o sentirte solitario, simplemente te hace mentalmente más fuerte porque puedes reflexionar más en tu zona y aprovechar el poder de la soledad.

1. No tomes las cosas de manera personal. Esto es casi lo mismo que no quedarse en el pasado. Si algo sucede, aprende de ello y sigue adelante. No hay razón para quedarse en un estado constante de tristeza. En tu vida, conocerás a personas locas y pueden ser difíciles de manejar. Pero si pasas la mayor parte del tiempo tomando las cosas de manera personal, nunca serás feliz. Trata de entenderlos y aprender algunas habilidades para sobrellevar. Concéntrate en el futuro pero aprende del pasado para tener el mejor futuro posible.
1. Di no a las cosas que no te ayudan a avanzar con tu objetivo. Si algo no es importante para tu tiempo, di no y sigue adelante. No tengas miedo de herir los sentimientos de alguien al decirlo. Cuanto antes aprendas a decir no, más tiempo

liberarás para ti mismo y para tu fuerza mental. Sabe lo que quieres y no dejes que otras personas dicten tus acciones.

1.
Sé optimista pero se realista. Esto no significa que estás siendo pesimista, solo significa que no pierdes tiempo en metas inalcanzables. Equilibra tu optimismo con una dosis de realidad en todo momento.

1.
Aprende más. Lo que sea en lo que estés tratando de ser mentalmente fuerte, aprende más al respecto. Cuanto más aprendas, mejor podrás enfrentar los desafíos que vienen con tu tarea.

1.
Sé amable contigo mismo. Si no logras tus metas, no te castigues por ello. Nadie es perfecto. Si te castigas por todo lo que falles, es posible que te caigas aún más. Recuerda, tienes que vivir contigo mismo, así que al menos sé capaz de manejarlo si es necesario. Sé amable contigo mismo y date tiempo para desarrollarte. Nada grandioso sucede de la noche a la mañana.

1.
Cambia el escenario de tu vida. A veces, cuando sientes que estás en una rutina, está bien cambiar el entorno para ayudarte a ser más adaptable. Puedes ir de viaje, al parque o a cualquier lugar

nuevo, para evitar lidiar con la monotonía de lo que estás experimentando. A veces, el cambio de escenario puede ayudar a desencadenar un nuevo pensamiento o un nuevo impulso de energía para que puedas terminar la tarea que tienes entre manos.

1. Aprende a hacer malabares. Aprender a hacer malabares te ayuda a desarrollar algo diferente. También hace que tu cerebro se vuelva bueno en la multitarea. Convertirse en un malabarista es una gran habilidad para tener, ya que te permite hacer malabares con diferentes cosas sin sudar. ¿Entendido? Malabares.

1. Ve tan duro como puedas, incluso cuando creas que has alcanzado tu límite. Esto significa que cuando otros están luchando porque tú ya estás acostumbrado a un nivel de alta intensidad, estarás millas por delante de ellos.

1. No te compares con los demás. Si lo haces, solo te estás preparando para no ser mentalmente fuerte. De hecho, compararte con otros es la principal manera de caer en depresión. Otras personas no son tú, así que no malgastes tu tiempo y felicidad comparando. Si tienes una debilidad, sé consciente de ella y encuentra una manera de

mejorarla rápidamente. ¡Siempre recuerda esto: ¡eres único!

1.
Sé feliz por otras personas. Creo que los jóvenes dicen, no seas envidioso. Esto es muy cierto. Cuando tienes personas prósperas a tu alrededor, es solo un indicador de tu éxito futuro.

2.
No esperes que el mundo te deba algo ni esperes nada de nadie más. Lo justo es lo que te sucede a ti. No te hagas la víctima porque a nadie le gustan los quejicas. Además, ser víctima te quita tu poder. Mantente fuerte y recuerda que siempre hay alguien que la pasa peor de lo que crees que la estás pasando tú.

1.
Estar bien con el cambio. Permítanme citar lo que dijo Benjamin Disraeli: "El cambio es inevitable. El cambio es constante." La única constante en la vida es el cambio. Cuanto antes te des cuenta, antes podrás prosperar en esta cosa llamada vida. El cambio no es algo malo; es lo único.

1. No te quejes. A nadie realmente le importa de todos modos. Cuando piensas en el quejica, ¿qué piensas? No seas esa persona. No quieres que la gente tenga pensamientos negativos sobre ti, así que no te quejes.

Capítulo 5: Desafío de resistencia mental de 7 días

Ahora que entiendes qué es la fuerza mental, las características de la fuerza mental y las habilidades para ejercitar esa herramienta, necesitas lanzarte a ser mentalmente fuerte.

Sin embargo, cómo empezar es una pregunta que muchas personas hacen. No hay necesidad de preocuparse, sin embargo. Podemos ayudarte a comenzar. Puedes iniciar tu viaje hacia la fortaleza mental aquí.

Cada día tiene algunas actividades que puedes intentar para ejercitar una de tus habilidades con el fin de volverte mentalmente fuerte. Puedes probar lo que quieras o intentar cada una de las tareas. Una mezcolanza de las actividades se centra en hacerte sentir incómodo/a y empujarte al límite físico. Si puedes hacer cosas nuevas y manejar tus reacciones ante ellas, entonces estás en buen camino para volverte mentalmente fuerte.

También puedes usar y reutilizar estas tareas según sea necesario.

Día 1	 Toma una ruta diferente a casa de la que normalmente tomas. Intenta tomar el camino más largo si normalmente tomas el corto o viceversa. Si conduces, utiliza el transporte público. No importa cómo

llegues a casa, cambia algo. Come una comida diferente a la que normalmente comes. Prueba una cocina diferente o puedes cambiar el orden de las comidas. Por ejemplo, cena en el desayuno o almuerza en la cena. Date una ducha fría. Esto definitivamente ayudará a preparar tu mente para superar condiciones físicas. Cuanto más hagas algo que te haga sentir incómodo, más fácil será. Ten un día sin quejarte. En este día, no hagas quejas. En lugar de centrarte en por qué estás molesto, concéntrate en qué puedes hacer para sacarle el mayor provecho a la situación o qué puedes cambiar. Sé agradecido. Haz una lista de todas las cosas por las que estás agradecido. Esto te ayudará a siempre ver el lado positivo sin importar lo que hagas. Descubre tu razón de ser. Piensa en qué te motiva. ¿Es tu motivación principal el miedo al fracaso o la esperanza de un futuro mejor? Sea cual sea la razón que te mueve, mantenlas presentes y asegúrate de abordar cualquier creencia limitante que puedas tener. Visita una iglesia a la que normalmente no vas. También puedes ver en vivo un servicio religioso diferente en el que normalmente no participas. También puedes leer sobre una religión diferente si eso es más fácil.

Día 2

- Crea una lista de 5 afirmaciones que puedan ayudarte en tu vida diaria. Puedes repetirlas a lo largo del día o durante tu tiempo de meditación. • Prepara tu espacio de meditación. Vuelve a crear el lugar especial donde meditarás y arréglalo. Puedes añadir una vela, una foto, una alfombra o tu almohada favorita para marcar el lugar. • Pide retroalimentación en el trabajo o a un miembro de la familia o amigo sobre cómo puedes mejorar. Sin embargo, cuando te den su feedback, no trates de explicarte. Solo asiente con la cabeza, di gracias y piensa en lo que dijeron y cómo puedes mejorar. • Compra un bonito diario que pueda ayudarte con tus hábitos de reflexión. Si estás teniendo un comienzo lento con la meditación, puedes simplemente escribir libremente tus pensamientos durante tu tiempo de meditación. • Piensa en tu diálogo interno, ¿qué tipo de cosas te dices generalmente a ti mismo? Puedes utilizar la actividad en el capítulo de ejercicios para mejorar tu diálogo interno.

Día 3 Imagine que lo peor que te pueda pasar te sucede. ¿Cómo reaccionarías? Haz un pequeño teatro sobre cómo podrías reaccionar. Darte diferentes reacciones. Trata de vivir el momento. Sea lo que sea que estés haciendo durante el día, concéntrate en la tarea en cuestión sin distraerte con otras cosas. Si siempre estás haciendo varias cosas a la vez, puede ser difícil, pero te ayudará a enfocarte intensamente en lo que estás haciendo. Piensa en tus decepciones tempranas en tu vida, especialmente durante la infancia. ¿Algunas de esas experiencias todavía te afectan hoy en día? ¿Cómo puedes interpretarlas de manera positiva? Ponte el cabello de una manera diferente. Puedes probar con un corte diferente, un color de cabello diferente o simplemente cortar todo tu cabello. Para las personas más conservadoras, puedes probar con un sombrero o un accesorio para el cabello llamativo. Escucha un género de música que nunca hayas escuchado antes. Intenta escuchar de 3 a 5 canciones. Tómate un descanso. Si algo que estás haciendo te está estresando o agotando tu energía, simplemente di que no y tómate un descanso.

Día 4  Reevalúa tu vida de manera honesta. ¿Cuáles son tus metas, valores y prioridades? ¿Cómo se alinea tu vida actual con esos valores? Si tu vida no va por el camino de los movimientos que estás tratando de hacer, ¿cómo puedes cambiarla? Elige una rutina de ejercicios en YouTube y comprométete a hacer ejercicio durante un mes sin faltar un día.  Examina tu horario diario. ¿Cuáles son los hábitos o cosas que haces que te hacen perder el tiempo? Intenta limitar esas actividades hasta que ya no las hagas. Encuentra una manera de cómo puedes comer más saludablemente. Ya sea con una nueva dieta o ayuno intermitente, haz un compromiso de estar saludable y cumplir con ello. Esto solo hará que otras áreas de tu vida sean más fuertes.  Comprométete a estar lo más enfocado posible en el trabajo durante el día. Luego, averigua cómo puedes mantener ese ritmo de manera regular. Puedes trabajar en ráfagas cortas de 20 minutos, para que puedas mantener el ritmo a lo largo del día.

Día 5
Pensar en todas las cosas por las que te culpas a ti mismo. Escríbelas y quémalo. Deja que las llamas representen que te estás perdonando a ti mismo. Deja que el pasado permanezca en el pasado. Hoy es un nuevo día, así que disfrútalo. Escuchar una estación de radio a la que normalmente no escuchas en tu camino al trabajo. Puede ser radio de charlas u otro género. También puedes probar un podcast completamente nuevo. Escuchar una estación política a la que normalmente no escuchas por un día. Ponte en los zapatos del otro partido para ver si puedes tener empatía o entender por qué creen en lo que creen. Luego intenta ser más compasivo. Si tienes un problema personal con alguien, háblales directa y tranquilamente sobre el tema. En lugar de dejar que el problema crezca, abórdalo directa y suavemente. Si no puedes controlar tus emociones, intenta escribir una carta o un correo electrónico. Las personas mentalmente fuertes manejan los problemas directamente. Perdona a alguien que te haya ofendido, ya sea que sepan que te han ofendido o no. Llámalos y deja lo pasado en el pasado.

Día 6
 Identifica tu mayor miedo. Enfréntalo de frente. Si tienes miedo a las arañas, ve a la tienda de animales y mira una araña. Si tienes miedo a las alturas,

visita un rascacielos. Sabes que tendrás miedo, ¿pero descubre una manera de estar bien con el miedo y lidiar con él? ¿En qué puedes ser más consistente? Vuelve a hacer esa tarea hoy. Revisa tu plan de manejo del estrés. ¿Cómo puedes mejorar tu estrategia para manejar mejor el estrés? Deja el café y el alcohol por un día. Sustitúyelo por agua u otras bebidas no estimulantes. Visita un refugio de animales. Al enfocarte en los animales, puedes poner tu vida en perspectiva. ¿Quién sabe? Tal vez hasta adoptes uno.

 Escribe tu obituario. Luego, comienza a vivir como una persona que merezca el obituario que acabas de escribir. ¿En qué cosas puedes mejorar para que tu semana sea mejor? Haz que suceda. Realiza las modificaciones necesarias para tener una mejor semana y haz que cada semana siguiente sea mejor al hacer una revisión semanal. Crea un tablero de fuerza mental. Incluye tus citas favoritas y fotos de personas que sean tus inspiraciones de fuerza mental. Dale un toque especial y cuélgalo en tu lugar especial.

Día	
7	Investiga un terapeuta y consulta con él al menos una sesión. Verifica si tu área tiene un programa local para sesiones de terapia gratuitas. También puedes buscar aplicaciones de terapia gratuitas que también pueden ayudar si te preocupa la privacidad. Duerme lo suficiente por la noche para que tu cerebro esté claro. El sueño es un aspecto a menudo pasado por alto de las personas mentalmente fuertes. Recuerda, no se trata de seguir adelante, se trata de recargar. El sueño es una parte necesaria del proceso de recarga.

Capítulo 6: Mentalmente Fuerte en tu Vida Diaria

¡Felicidades por comprometerte a hacer el trabajo necesario para volverte mentalmente fuerte! Sin embargo, cuando la vida se te presenta rápidamente, debes tratar de recordar ser mentalmente fuerte en lugar de volver a viejos hábitos. Entonces, ¿cómo puedes ser mentalmente fuerte en tu vida diaria sin retroceder? Una forma es practicar, pero incluso entonces, no hay garantía de que no cometerás errores. Lo más importante es recordar que incluso si cometes un error, debes volver inmediatamente a tu caballo de fortaleza mental y montar de nuevo. El propósito de este capítulo es ayudarte a descubrir cómo vas a manejar técnicas cuando se presenten al participar en una pequeña visualización y juego de roles.

Se enumerarán diferentes escenarios aquí. Tendrás opciones para elegir cómo manejarías la situación. Los escenarios abordados tratarán problemas matrimoniales, laborales, de niños, de dinero y problemas aleatorios que ocurren en nuestra vida diaria. Luego, se dará una perspectiva sobre cómo manejar una situación en particular. Esta perspectiva también se basará en algún modo de pensamiento y técnicas utilizadas en el mundo militar, artes marciales, deportes y psicología empresarial al brindar información sobre un escenario en particular.

No hay una respuesta correcta o incorrecta. Puede ser que descubras que en realidad harías una combinación de algunas de las acciones enumeradas, y eso está bien también. Los ejercicios están diseñados para ayudarte en varias situaciones al practicar la fortaleza mental. Para obtener más valor del ejercicio, concéntrate en qué respuesta elegirías y por qué la elegirías. Luego, examina las respuestas que no elegirías, y por qué no funcionarían.

Escenarios matrimoniales

Afrontémoslo. El matrimonio es muy difícil. Si el matrimonio no fuera difícil, entonces la tasa de divorcio no sería superior al 50%. La alta tasa de divorcios muestra que las personas simplemente no son lo suficientemente fuertes mentalmente cuando se trata de su relación. Sin embargo, al centrarse en el aspecto de fortaleza mental de su actitud, puede manejar mejor el matrimonio y los desafíos que conlleva. Una de mis frases favoritas es que no puedes controlar lo que te sucede, pero puedes controlar cómo reaccionas ante ello. Nunca ha habido una afirmación más verdadera en lo que respecta al matrimonio. Desafortunadamente, muchos de nosotros no somos capaces de controlar cómo reaccionamos ante situaciones desagradables de una manera amable. La fortaleza mental ayuda a afinar tu respuesta a los problemas que surgen en tu matrimonio. Con suerte, estos escenarios te ayudarán a reflexionar y a tener una mejor relación matrimonial.

Escenario 1

Tu pareja quiere hacer algo que tú no quieres hacer. Has mencionado que no quieres hacer esto, pero tu cónyuge no te ha escuchado en absoluto. ¿Cómo deberías responder?

A.
Debes explicar pacientemente por qué no quieres hacer lo que sea. Después de explicar, debes aguantarte y seguir adelante y hacer lo que tu pareja quiere hacer de todos modos.

B.
Deberías enfurruñarte y hacer lo que tu cónyuge quiere hacer de todos modos.

C.
Debes ser honesto con tu cónyuge sobre tus razones para no querer hacer la actividad mencionada. Después, intenta convencerlos sobre por qué no deseas hacerlo y rehúsa hacerlo.

D.
Deberías encontrar algún tipo de compromiso. Haz un trato sobre la actividad mencionada, luego tendrán que hacer algo que no quieren hacer contigo en otro momento.

Visión: En psicología de las artes marciales, una lección importante que se enseña es construir tu autoestima. Cuando tienes una alta autoestima y surge la necesidad de hacer escuchar tu voz, podrás hacerlo. En una situación como esta, dependiendo de la dinámica de tu relación, cualquiera de estas respuestas podría ser la correcta. La respuesta más apropiada es asegurarte de hacer escuchar tu voz de manera respetuosa y que sea escuchada, y luego averiguar qué es lo mejor por hacer después.

Escenario 2

Tú y tu pareja están atravesando dificultades financieras. Tu cónyuge tiene una idea que puede ayudar a obtener ganancias, pero tú no quieres tomar movimientos riesgosos en este momento. ¿Qué deberías hacer? (Este escenario puede invertirse en que tú tengas la idea y tu cónyuge no quiera escuchar).

- A.
  Debes darle una presentación a tu cónyuge, para convencerlo de que tu idea es lo mejor que se puede hacer. Luego, cuando esté convencido, puedes hacer lo que necesitas hacer.
- B.
  Deberías hacer lo que quieras hacer de todos modos. El perdón es más fácil de obtener que el permiso. Cuando ganes todo el dinero, tu cónyuge te lo agradecerá.
- C.
  Deberías pedirle a tu cónyuge que busque al prospecto juntos y luego puedan llegar a un compromiso y tomar la mejor decisión con la que ambos se sientan cómodos.
- D.
  Necesitas centrarte en métodos comprobados para reducir tu carga de deuda y concentrarte en maneras de seguir adelante.

Visión: Un factor importante en la psicología empresarial es mirar el riesgo controlado y tomar el riesgo. Las finanzas son una de las principales razones por las que las relaciones no perduran. Si eres más aventurero que tu esposo/a o viceversa, es importante que se examine cada aspecto de la situación financiera antes de tomar una decisión. La fortaleza mental consiste en aguantar cuando los tiempos se ponen difíciles.

Obviamente, estar en una situación financiera difícil no es ideal. Dado que cómo llegaste allí está en el pasado, ahora tienes que seguir adelante con tu próximo paso, que será capaz de determinar si puedes manejar el riesgo de una inversión o no. Depende de ti y de tu cónyuge averiguar cuánto riesgo pueden o no pueden manejar juntos y continuar desde ahí. La principal preocupación debería ser si la inversión sale bien, ¿ambos podrán vivir con las consecuencias? Por otro lado, si la inversión sale mal, ¿podrán manejar las consecuencias también?

En otras palabras, examina la situación desde todos los ángulos y luego toma la decisión que sea mejor para ambos. Puedes intentar adoptar la posición opuesta y jugar el papel de abogado del diablo, para que puedas llegar a la mejor solución posible.

Escenario 3

Tu hijo, puede ser un bebé peludo o un bebé humano, se está portando mal. Tu pareja quiere manejar la situación de una manera y tú quieres manejarla de otra manera. Desafortunadamente, el problema de comportamiento ha estado ocurriendo durante mucho tiempo y no importa qué tipo de disciplina apliquen ambos, el problema parece no mejorar. Ambos están frustrados y necesitan resultados para tener paz mental. ¿Qué deberías hacer?

    A.
Dado que el enfoque de tu pareja en la disciplina no ha estado funcionando, deberías centrarte en formas en que puedas mejorar el problema y no preocuparte por lo que ellos dicen. Obviamente, lo que ellos han dicho no ha estado funcionando, así que cualquier cosa es mejor que lo que ellos dicen.

    B.
Deberías deferir a tu pareja. De esa manera, si la opción que eligen no funciona, la culpa no recaerá en ti. Después de que su forma falle, entonces finalmente puedes hacer lo que sabes que es lo correcto en la situación.

C.
: Debes establecer un cronograma con tu cónyuge sobre cuánto tiempo debería pasar antes de que necesiten ver mejoras. Tú y tu cónyuge también deben involucrar al niño en la situación y probar cada opción antes de rendirse. Si no ves mejoría dentro de ese plazo, entonces debes buscar ayuda profesional.

D.
: Deberías gobernar con puño de hierro. Puede que no sea lo ideal y pueda resultar incómodo, pero al final, tu bebé y tu pareja te lo agradecerán.

Visión: El ejército se especializa en desmantelar a sus cadetes en el campo de entrenamiento para ver qué tan bien se desempeñarán en situaciones de la vida real. Lo interesante del entrenamiento militar es que no son las personas más inteligentes o talentosas las que tienen éxito en el entrenamiento. Son las personas que tienen más determinación o perseverancia a ultranza para superar el entrenamiento. En la situación, es posible que tengas que intentar un enfoque más suave, o puede ser necesaria una mano de hierro dependiendo de la personalidad del niño. Depende de ti averiguarlo. Sea lo que sea que hagas, tendrás que asegurarte de que tu cónyuge se sienta cómodo con la opción.

Escenarios de crianza

Esto nos lleva a nuestra siguiente sección. ¿Cómo lidias con los desafíos que vienen al criar a los niños? Ellos viven en un mundo siempre cambiante y más complejo que antes. Muchos métodos probados de antaño no funcionarán en la generación actual. Por lo tanto, básicamente estás siendo padre desde cero en un mundo altamente tecnológico. A menudo, tus hijos saben más que tú en lo que respecta a la tecnología, pero tienes que establecer algún tipo de autoridad en la relación, para que tus hijos sepan que tú eres el padre.

¿Cómo puedes ser mentalmente fuerte al tratar con ellos y prepararlos también para ser mentalmente fuertes con tu ejemplo? Los siguientes ejemplos deberían ayudarte a trabajar a través de algunas situaciones típicas que pueden ocurrir.

Escenario 1

Su hijo está teniendo problemas con otro niño en la escuela. Después de animar a su hijo a hablar con el maestro, el problema persiste. Una vez que investiga más a fondo el problema, se da cuenta de que este niño es el hijo de alguien a quien no le agrada, y preferiría no tener una confrontación con su padre. En el fondo, sabe que si aborda el comportamiento del niño con el padre, la situación puede escalar rápidamente. ¿Cómo puede manejar esta situación?

    A.
Programa una reunión con el maestro de los dos niños, los padres del otro niño y un administrador escolar para asegurarte de que se aborden las necesidades de todos.

    B.
Te acercas al padre con un tercero para intentar llegar al fondo del asunto. Luego, invitas al padre y al niño a cenar con el tercero para ver si el problema puede resolverse en un ambiente más relajado.

    C.
Envías un correo electrónico o una nota explicando respetuosamente la situación a los padres del niño, para que puedan llegar a un

acuerdo por escrito. Luego, continúas animando a tu hijo a ser respetuoso y a informar sobre cualquier instancia que siga ocurriendo. También intentas entender el problema de tu hijo para asegurarte de que no sea el antagonista en esta situación.

D. Luchas fuego con fuego y defiendes a tu hijo. A veces, ser un abusón es el único lenguaje que entienden otros abusones.

Visión: Las personas son sensibles acerca de sus hijos. Y en este caso, es importante practicar la máxima disciplina e intentar no enojarse. El ejército se trata de entrenar a las personas para mantener la calma bajo una presión intensa, incluso presión que pone en riesgo la vida. Y sabemos que los problemas relacionados con el hijo de uno pueden desencadenar un reflejo que pone en riesgo la vida. Sea lo que sea que haga en esta situación, asegúrese de elaborar un plan para abordar la acción de su hijo y las acciones del otro niño, para que puedan tener un exitoso año escolar en adelante.

Escenario 2

Te das cuenta de que tu hijo se está volviendo más astuto porque tu pareja es demasiado estricta (puedes serlo tú). En lugar de solo decirte la verdad, el niño no la dirá y negará que esté haciendo algo mal. Y ninguno de los dos quiere cambiar su estilo de crianza. ¿Cómo deberías abordar la mala conducta de tu hijo mientras obtienes el apoyo de tu cónyuge?

Debes hacerle saber a tu hijo que tú también fuiste un niño y que todo lo que ellos están haciendo, tú ya lo hiciste, así que no necesitan intentarlo. Luego debes conseguir que tu cónyuge te respalde pase lo que pase.

B. Debes recopilar pruebas del mal comportamiento de tu hijo, para que no lo puedan negar, y luego hacerles saber que si las cosas no cambian, habrá consecuencias graves. Hazles saber que tu cónyuge está de acuerdo contigo, para que puedan mostrar un frente unido.

C. Deberías intentar un enfoque diferente con tu hijo. Trata de llegar al fondo de por qué están haciendo lo que están haciendo o por qué sienten que tus expectativas son demasiado estrictas. Si los entiendes mejor, tal vez puedan llegar a un compromiso.

Debes dejar que tu cónyuge se encargue de ello y luego que te informe de lo que sucede.

Reflexión: A medida que los niños crecen, es natural que quieran afirmar su independencia. Sin embargo, todavía depende de ti como padre guiarlos en el camino que deben seguir. Con una situación como esta, querrías tomar una pista de la psicología de las artes marciales y que practiquen la conciencia situacional. Ser consciente de la situación te ayuda a saber si necesitas defenderte de un ataque o no. Y en una situación como esta, necesitas ser consciente de la situación de lo que está sucediendo con tu hijo, y luego puedes determinar cuál es la mejor ofensiva o defensiva para usar de una manera que pueda abordar el problema de tu hijo y hacer que tu pareja esté a bordo.

Escenario 3

Tu hijo está jugando en un equipo de baloncesto infantil. Tu hijo practica muy duro, pero no es bueno en absoluto. A pesar de no ser bueno, a tu hijo le encanta jugar baloncesto. El entrenador es muy justo y deja que tu hijo juegue aunque no sea tan bueno como los otros niños. Afortunadamente, el equipo es muy bueno y se encuentran avanzando a la final. En el juego por el campeonato, el equipo de tu hijo pierde, y notas que otros niños comienzan a culpar a tu hijo. ¿Cómo manejas la situación?

   A.
      Dejas que llore tu hijo/a y les muestras amor firme, ellos lo superarán.

   B.
      Inmediatamente llamas al entrenador y le informas al entrenador lo que está sucediendo. Luego, haces que tu hijo deje de llorar y le preguntas a los compañeros qué está pasando.

   C.
      No haces nada más que centrarte en permitir que tu hijo maneje su reacción a la situación en lugar de lo que hacen.

   D.
      Quitas a tu hijo del equipo y les dices que no a todo el mundo les van a gustar.

Visión: A veces es difícil dejar que tu hijo enfrente una situación difícil. Cuando te cernes demasiado sobre tu hijo, tienes el potencial de convertirte en un padre helicóptero. En psicología deportiva, hay un enfoque en tener una mentalidad de ganador.

Ser un ganador puede significar cosas diferentes, por lo que es importante discutir qué significa esto para tu hijo. Tu equipo puede haber perdido el juego, pero ¿hay metas personales que hayan ganado, como no tropezar durante un juego o practicar una buena deportividad? Por supuesto, algunas personas sienten firmemente no desarrollar niños débiles dando trofeos de participación, así que si vas a hacer que tu hijo sea consciente de sus limitaciones físicas en ese momento, asegúrate de ser táctico al hacerlo. La conversación en realidad podría proporcionar una forma de discutir otras cosas.

Por ejemplo, en psicología del deporte, también se enfoca en practicar todos los días para construir hábitos campeones. También deberías considerar evaluar los hábitos de práctica de tu hijo/a. Por último, también es importante ser realista. Debido a que los niños aún están en desarrollo y crecimiento, tu hijo/a podría tener potencial y también podría no ser tan bueno en el deporte. Este sería un buen momento para hablar sobre expectativas realistas, así como cómo manejar situaciones difíciles sin sobreproteger a tu hijo/a y darles la oportunidad de aprender y el espacio para desarrollar la fortaleza mental propia.

Escenarios de trabajo

Pasamos la mayor parte de nuestro tiempo en nuestros trabajos. Por lo tanto, es importante tener cierto tipo de paz mental en tu trabajo. También es importante navegar adecuadamente tus emociones en tu trabajo, para que puedas tener una forma de proveer para tu familia. Desafortunadamente, la mayoría de las personas tienen trabajos que no están libres de desafíos. De hecho, parece que a la mayoría de la gente simplemente le desagrada su trabajo. La única razón por la que trabajan es para mantener a su familia. El truco para mantener cierto tipo de cordura y paz en tu trabajo es practicar la fortaleza mental. Al hacerlo, evitarás perder tu trabajo y lograrás tener el ambiente laboral más efectivo y beneficioso posible. Las siguientes situaciones pueden ayudarte con situaciones difíciles que puedan surgir en el trabajo. Revisa cómo reaccionas ante ellas.

Escenario 1

Tienes un nuevo jefe. Pero este jefe es perezoso y un narcisista. Se acerca un gran proyecto y tu trabajo depende de ello. Sin embargo, para este trabajo, tienes que colaborar con tu jefe. ¿Cómo manejas esta situación?

    A.

Simplemente renuncias y le dices a tu jefe antes de hacerlo. Luego, tiras todo de encima del escritorio de tu jefe antes de irte.

    B.

Aguantas y lo soportas para salvar tu trabajo. Sabes que esto es solo por un corto tiempo y realmente necesitas tu trabajo, así que lo haces.

    C.

Discute los problemas que tienes con tu jefe de manera respetuosa. Luego, trata de aprovechar al máximo la situación.

    D.

Trae a una tercera persona o habla con el jefe de tu jefe para manejar la situación y luego trabaja en hacer el proyecto lo mejor que puedas.

Visión: En el ámbito militar, estar incómodo es una habilidad y un aspecto de la fuerza mental que se debe desarrollar lo más rápido posible. Estar cómodo con la incomodidad es clave en una situación como esta. Dado que estás trabajando todos los días para convertirte en la persona que quieres ser, debes manejar esta situación de la mejor manera posible. Dependiendo de si realmente quieres este trabajo, debes encontrar una forma de hacer saber tu incomodidad y completar el proyecto. También puedes simplemente aceptarlo y soportarlo para no tener que lidiar con las repercusiones de tus quejas. Cualquiera que sea la opción que elijas, asegúrate de que puedes manejarlo.

Escenario 2

Hay una nueva posición en el trabajo, pero actualmente no estás calificado para el puesto. Sin embargo, estarás calificado en un futuro cercano. Estás tomando cursos en línea que te pondrán en la contienda por el trabajo, pero debes esperar hasta que termines el examen final para obtener el certificado que demuestre que estás calificado. Mientras navegas por la descripción del trabajo, ves una línea que dice estrictamente que no apliques si no estás calificado y que tu solicitud será rechazada automáticamente si aplicas sin estar calificado. ¿Qué deberías hacer?

A. Debes aplicar de todos modos y hacer saber al departamento de recursos humanos las circunstancias que rodean tu solicitud antes de hacerlo. También debes seguir adelante y poner la información en tu currículum, para que sepan que pronto estarás calificado.

B. Debes abordar la razón por la que aplicaste aunque actualmente no estés calificado en tu carta de presentación y aplicar de todos modos.

C. No debes aplicar y simplemente esperar a una nueva posición cuando estés calificado. Puedes esperar a que se abra la próxima solicitud.

D. Debes contactar a las personas antes de aplicar para asegurarte de que está bien hacerlo.

Visión: En psicología empresarial, hay un dicho que dice que debes fingirlo hasta que lo logres. En esta situación, ese podría ser un concepto que podría ser aplicable. Sin embargo, debes decidir si es algo que quieres hacer o no. Tu personalidad determinará cómo reaccionas ante esta situación, pero pase lo que pase debes ser flexible ante el resultado.

Escenario 3

Toda la oficina está abrumada, y tienes un plazo especialmente difícil que cumplir. Sin embargo, tienes una cita importante previamente programada que no puedes perderte. Si te pierdes la cita, no podrás reprogramarla por un tiempo. Si vas a la cita, no podrás completar tu trabajo. Todos los demás también están abrumados y no hay absolutamente nadie que pueda hacerse cargo de tu carga de trabajo. ¿Qué deberías hacer?

    A.

Olvida la cita preestablecida. Rogarás y suplicarás que la reprogramen. Si no pueden reprogramar, entonces solo deberías esperar hasta el próximo año para reprogramarla.

    B.

No te preocupes por tu carga de trabajo. La oficina sabía que tenías una cita previamente planificada, por lo que no deberías ser responsable de algo fuera de tu control.

    C.

Comunícate con tu jefe y házle saber la situación. Luego, ve qué se puede hacer en esta situación.

    D.

Simplemente sonríe y soporta la dificultad de la situación. Trata de hacer la mayor cantidad de trabajo posible lo más pronto posible. Luego ruega y suplica por ayuda en los elementos que no puedas completar. Incluso puedes ofrecer sobornos si te ayuda a cumplir con tu carga de trabajo.

Visión: Para convertirse en un mejor atleta, psicólogo deportivo o atleta abordan lo más difícil primero en sus entrenamientos. Y en una situación así, sin importar qué opción elijas, va a ser una decisión difícil. La clave es abordar lo más difícil primero. Luego, comunicarse de manera efectiva y dejar que las cartas caigan como puedan.

Escenarios familiares

Familia, oh, familia. No puedes elegir a tu familia. La familia tiene una forma especial de presionar nuestros botones, y a veces tienes que ser mentalmente fuerte para poder manejarlos. Algunos miembros de la familia son muy buenos siendo justos y diplomáticos, y otros actúan como si te trataran como a un extraño en la calle. Peor de hecho. La parte complicada de navegar las relaciones familiares es que seguirás siendo familia después de todo. Por lo tanto, debes mantener alguna relación al enfrentar situaciones difíciles. La clave para muchas situaciones desordenadas al tratar con miembros de la familia es comunicarse bien. (¿No es esa la clave para la mayoría de las cosas en la vida?) Revisa estos escenarios para ver cómo puedes reaccionar.

Escenario 1

Tu familia está planeando una gran reunión familiar. Sin embargo, hay una disputa sobre cómo debe manejarse el dinero. Un grupo quiere que se maneje de una manera y otro grupo quiere que se maneje de otra manera. Por casualidad, te encuentras convirtiéndote en el portavoz de todos y quedando atrapado justo en el medio. ¿Cómo manejarías esta situación?

  A.
    Encontrarás una forma de escuchar las preocupaciones de todos y luego reunir a todos para votar sobre el tema.
  B.
    Encontrarás una forma de hacer que el proceso

sea más colaborativo, de modo que todas las voces puedan ser escuchadas. Luego tomarás la mejor decisión para mantener la paz.

C. Dirás una cosa y te mostrarás fuerte, pero luego expresarás tu verdadera opinión fuera del foco de atención para que los sentimientos de nadie resulten heridos.

D. Te retirarás porque nadie te nombró para estar a cargo del evento familiar. Todos deben colaborar ya que es un evento en grupo. Les dirás amablemente que no quieres estar a cargo ya que no puedes asumir toda la responsabilidad de un evento del que no pediste encargarte. Luego, dejarás que las cosas sigan su curso.

Visión: Las personas mentalmente fuertes no se victimizan. Es importante recordar no asumir el papel de víctima en este caso y asumir la responsabilidad de comunicar lo que deseas de la situación. A veces, las familias tienden a depender de una sola persona para hacer todo el trabajo cuando hay muchas personas capaces de hacer cualquier tarea que se presente. Esta será una gran oportunidad para compartir roles de liderazgo y permitir que otras personas brillen para que se sientan necesitadas y valoradas. Según la psicología empresarial, una de las mejores cosas que puedes pedir a alguien es ayudarles para poder cumplir con tus objetivos y metas como equipo.

Escenario 2

Uno de tus primos favoritos que tiene la misma edad que tú ha prosperado mucho en la vida recientemente. Este primo tiene muchas cosas en la vida que tú has querido pero que no has logrado. Cuando llegan las vacaciones, tu primo favorito quiere venir a pasar tiempo contigo, pero no estás seguro de cómo te sientes al respecto. ¿Cómo responderías?

- A.
  Evitarás al primo. No atenderás sus llamadas ni responderás a sus mensajes de texto o correos electrónicos, así que no tendrás que enfrentarte a su éxito y ver lo hermosa que es tu vida.
- B.
  Aceptará la invitación de su primo y le hará saber cómo se siente realmente. Le hará saber a su primo que está un poco celoso de su éxito y que está tomando todo lo que usted quiere en su vida.
- C.
  Estarás feliz por tu primo y ver si él o ella puede contarte algunos de los pasos que ha tomado para alcanzar sus metas después de que hayas aceptado la invitación. Luego, conseguirás que tu primo pague la cena.
- D.
  Vas a poner una sonrisa en tu cara y pasar el rato con tu primo, pero vas a llevar a otra persona, así que no tendrás que estar a solas con él o ella.

Visión: Ser feliz por los demás es una parte importante de ser mentalmente fuerte. Cuando estás feliz por los demás, te permite concentrarte en tus capacidades y no ser abrumado por la envidia. Las personas mentalmente fuertes, especialmente en los negocios, se enfocan en lo que pueden cambiar y lo que no pueden cambiar. No importa cuál sea la razón por la que no estés alcanzando tus metas personales, no es culpa de nadie más. Solo tú eres responsable de cambiar tu destino. En una situación como esta, debes tratar de considerar qué es lo que puedes aprender de tu primo para prosperar también. Finalmente, no veas el éxito de tu primo como algo malo. Cuando las personas a tu alrededor están prosperando, es un buen indicador de que pronto también prosperarás.

Escenario 3

Hay un miembro de la familia que nadie quiere, pero este miembro de la familia no lo sabe. Este miembro de la familia escuchó a alguien hablar de él o ella y se pone angustiado. Él o ella viene a ti molesto porque no le gustó lo que escuchó. Este miembro de la familia está llorando y se siente traicionado. ¿Qué deberías decirle a este primo?

A.
Debes ser honesto con tu primo y darle la cruda verdad.

B.
Deberías tratar de descubrir por qué tu primo está molesto y luego animarlo a que se dirija a la persona que tiene el problema con él o ella. Pero, sin importar lo que hagas, debes mantenerte al margen.

C.
Hazle saber a ese primo que no a todo el mundo le cae bien y está bien. Explícale que no a todos les vas a caer bien en la vida, incluyendo miembros de la familia. Ayuda a tu primo a enfocarse en las cosas positivas que tiene en su vida.

D. Deja que tu primo llore y actúa como si no supieras lo que está pasando. Es la mejor manera de mantener la paz en la familia.

Visión: A veces la gente habla el uno del otro y te encuentras atrapado en medio de ello si no estableces límites. Eso es exactamente lo que hacen las personas mentalmente fuertes. Son responsables ante ellos mismos y ante los demás, por lo que la gente sabe que no deben cruzar la línea alrededor de ellos. En una situación como esta, hay muchas opciones diferentes que puedes tomar. Sin embargo, debes ser el juez y animar a tu primo a ser resiliente. Anímalo a no permitir que las opiniones de otras personas sobre él o ella lo detengan de ser la mejor persona que pueda ser. Y, si la razón por la que no agrada a otros es por una falla personal, siempre puedes amablemente llamar su atención sobre el asunto.

Escenarios de dinero

¡Dinero, dinero, dinero! El dinero es algo que todos deseamos tener más. Y es algo con lo que muchas personas luchan. Muchos problemas relacionados con el dinero se derivan del hecho de que las personas no pueden ser disciplinadas y mentalmente fuertes con sus finanzas. En estos escenarios, podrás descubrir o pensar en cómo manejar los problemas de dinero. También podrás ver cómo puedes ejercitar algunas de las cualidades de la fortaleza mental para obtener el resultado más favorable.

Escenario 1

Actualmente estás en un presupuesto. Sin embargo, hay un

dispositivo moderno genial que debes tener. Está en venta, y la venta es limitada. Sientes que esta venta nunca volverá a ocurrir. Entonces, rompes tu presupuesto y derrochas en el dispositivo. ¿Qué deberías hacer una vez que llegues a casa con el dispositivo?

- A. Deberías devolverlo por arrepentimiento del comprador. Luego, vuelve a poner el dinero que recibes en tu cuenta bancaria. Esta vez, cuando vuelvas a poner el dinero en tu cuenta bancaria, no lo tocarás a menos que sea de acuerdo a tu presupuesto.
- B. Deberías intentar vender el gadget por un precio más alto del que lo compraste. Luego, trata de recuperar algo del dinero y usa las ganancias para comprar un gadget diferente.
- C. Deberías disfrutarlo. Solo porque estés ajustado de presupuesto no significa que no puedas disfrutar de vez en cuando.
- D. Disfruta de la compra y ponte de nuevo en marcha con el próximo número.

Visión: Los problemas de dinero pueden causar un nivel de incomodidad. De hecho, puede causar un nivel extremo de incomodidad. No tener dinero nunca es divertido. Sin embargo, para salir de una situación difícil, debes sentirte incómodo. En psicología militar y deportiva, hay un principio que dice que no debes tomar atajos para conseguir gratificación instantánea. Y en una situación como esta, dependiendo de la necesidad financiera, es posible que desees considerar devolver la compra para recuperar tu dinero y simplemente retrasar tu gratificación por más tiempo. O también puedes seguir un principio y la psicología de las artes marciales que habla sobre volver al camino correcto después de cometer un error. La elección es tuya.

Escenario 2

Alguien que te debe dinero te pide prestado un poco más. Esta vez, la cantidad que quieren pedir prestado es más que la cantidad original que pidieron prestado. ¿Qué deberías hacer?

- A.
    Deberías intentar preguntarles sobre el dinero que te deben antes de prestarles el dinero.
- B.
    Di que sí y hazles saber que cuando te devuelvan el dinero, también les pagarás el otro dinero.
- C.
    Si realmente necesitan el dinero, se lo puedes dar, pero si no lo necesitan, entonces no se lo des.
- D.
    Simplemente di no. Bloquea su número de teléfono e ignora toda correspondencia de ellos hasta que te devuelvan tu dinero.

Visión: Es importante ver lo mejor en las personas, pero también es importante ser realista según la psicología militar. En una situación como esta, solo puedes juzgar a alguien basado en lo que te han mostrado. Sin embargo, también hay un dicho en psicología mental que dice que debes dejar el pasado atrás. Si les das dinero y no te lo devuelven, debes estar bien con eso. Si te devuelven el dinero y te pagan de vuelta más un poco extra, también debes estar bien con eso. Sea cual sea la decisión que tomes, quieres asegurarte de que esté en línea con lo que deseas lograr en tus metas personales y que dar dinero a otra persona no te ponga en una situación difícil.

Escenario 3

Tus amigos están planeando un viaje y no tienes dinero para ir, pero realmente, realmente quieres ir porque has estado queriendo ir a este lugar. Piensas que deberías retrasar tu gratificación para ahorrar para otras cosas, pero esta es una oportunidad única en la vida y no quieres perdértela. ¿Qué deberías hacer?

A.
Deberías trabajar horas extras y perder tiempo en familia hasta que tengas los fondos necesarios para poder realizar este viaje increíble.

B.
Deberías simplemente olvidarte del viaje y hacer que te envíen fotos. También deberías evitar la tentación al salirte del chat sobre el viaje.

C.
Deberías ir y simplemente solucionar el aprieto cuando regreses a tiempo. Todo trabajo y nada de diversión no es divertido.

D.
Puedes pedir un préstamo de un préstamo de día de pago o pedir prestado el dinero a un amigo o familiar y devolvérselo una vez que obtengas el dinero.

Visión: La gratificación demorada es un componente importante de ser mentalmente fuerte en todos los tipos de psicología. Por otro lado, la familia es una cosa que muchas personas valoran en una situación como esta, tienes que determinar si el viaje vale más que tus metas a largo plazo. Aunque no puedas hacer el viaje, quizás haya algo más que puedas hacer. Sin embargo, si decides hacer el viaje, asegúrate de encontrar una manera de cubrir tus gastos sin comprometer tus metas a largo plazo. Si hay una forma de hacer ambas cosas, quizás el viaje sea posible. Si no, puede que tengas que decir que no.

Escenarios del día a día

La vida trae muchas situaciones que son problemáticas. Las decepciones diarias pueden ser frustrantes y desgastarte lentamente. A veces, los escenarios son tan breves que uno se pregunta si debería abordarlos o no. A veces, tienes que decidir si quieres abordar el problema que te molesta o dejarlo pasar. Muchas veces, tu reacción a este tipo de situaciones no tiene ninguna apariencia de fortaleza mental y depende más de cómo te sientes ese día. Los escenarios y esta sección cubren cosas aleatorias que nos pueden pasar a todos, pero las personas mentalmente fuertes reaccionan a estas situaciones de manera diferente a la persona promedio.

Escenario 1

En medio del tráfico, alguien te corta. Esta persona ha estado siguiéndote todo el tiempo desde que te subiste a la autopista. Oh, sí, has tenido un día muy difícil. ¿Cómo deberías manejar esta situación?

A.
Debes ignorarlos y seguir conduciendo.

B.
Deberías acercarte mucho y hacerles lo mismo.

C.
Deberías enfocarte en la música que estás escuchando para sacar de tu mente el malestar que sientes.

D.
Deberías tratar de ser amable y ayudarles a

descubrir qué está pasando. O puedes reportarlos a la policía.

Visión: Las personas mentalmente fuertes manejan a los conductores locos de una manera diferente a como lo hacen las personas no mentalmente fuertes. Un principio de ser mentalmente fuerte es ser consciente de uno mismo. Si bien la ira en la carretera nunca está justificada, ¿estás conduciendo bien? ¿Estás siguiendo las reglas de la ley? Si es así, debes enfocarte en lo que puedes controlar e ignorar todo lo demás. A veces, saber qué batallas librar es muy importante y dejar el pasado atrás es aún más importante. Si puedes llegar a tu destino sin causar daño o peligro, entonces quizás no hay razón para preocuparse por el momento de desagrado.

Escenario 2

Hay una persona grosera en tu tienda de conveniencia favorita. Cada vez que los ves, son groseros hoy. Hoy tuviste un día especialmente difícil, y ellos continúan con sus modales groseros. ¿Qué deberías hacer?

    A.
        Debes dejar que sean groseros y apurarte con tu transacción, así no tendrás que lidiar con ellos.

    B.
        Deberías hacerle saber al gerente. Diles que cada vez que visitas la tienda, actúan de esta manera.

    C.
        Deberías dejar una opinión en una encuesta en la

parte de atrás de tu recibo. También deberías dejar un informe online severo.

D.
Debes seguir matándolos con amabilidad. Solo es cuestión de unos segundos de tu vida que debes lidiar con ellos.

Visión: Tratar con personas groseras es algo que todos hemos experimentado, y todos tenemos problemas con eso. Bueno, tal vez estoy hablando por mí mismo. Pero en una situación como esta, un principio de psicología de artes marciales sería lo mejor. Y eso es ser disciplinado con tu lengua. Hay una manera de dirigirte a las personas haciéndolas sentir empoderadas y respetadas mientras transmites tu punto en una situación como esta. Debes asegurarte de usar tu lengua sabiamente para evitar que la situación se intensifique aún más.

Escenario 3

Alguien está haciendo la manía que odias. Le has pedido a esta persona varias veces que deje de hacer la manía, pero se niega. ¿Qué debes hacer para manejar esta situación?

A.
Por favor, repíteles que están haciendo lo que odias y pídeles que lo dejen de hacer.

B.
Ve y diles que lo dejen.

C.
Evita estar cerca de ellos para no tener que lidiar con eso.

D. Practica tus habilidades de manejo del estrés y amablemente diles que se detengan. Luego, sigue con tus asuntos, ya sea que se detengan o no.

Visión: Cuando las personas presionan tus botones al hacer una manía que odias, puede ser difícil contener la lengua o reaccionar de manera favorable. Una parte de ser mentalmente fuerte es mantener la calma en medio de la incomodidad, pero manejarla con gracia y determinación para poder salir de la situación ilesos según la psicología militar. Sea lo que sea que hagas en esta situación, quieres asegurarte de enfrentar el problema de frente y de manera respetuosa. En última instancia, querrás sopesar tu reacción frente al panorama general siendo consciente de ti mismo para determinar si vale la pena librar esa batalla o no.

Visualizando escenarios cotidianos.

Ahora, ¡es tu turno! En algunas situaciones, no hay nada que puedas hacer para prepararte. Simplemente tienes que esperar que tu músculo de fuerza mental haya sido afinado para manejar la situación. Algunos consejos para tener en cuenta al manejar situaciones para las que no estás preparado:

- Sé consciente de ti mismo. No puedes subestimar la importancia de ser consciente de ti mismo en situaciones. A veces, estás tan molesto con otra persona, que olvidas recordar que eres la causa del problema. Si eres consciente de ti mismo, eres capaz de entender rápidamente todas las partes móviles de una situación compleja y estás más inclinado a tomar la mejor decisión.

- No seas un llorón. Además de que a la mayoría de las personas no les agrada un llorón, si solo te quejas sobre una situación desfavorable cuando te sucede, estarás demasiado ocupado en la fiesta de lástima que no estás afrontando el problema. Al enfrentar el problema directamente y de frente, tienes una mejor oportunidad de obtener los resultados que deseas. Incluso si no obtienes los resultados que deseas, al afrontar el problema de frente, puedes abordar el problema y poner tu atención en cosas más importantes en las que estás interesado.

- Asegúrate de que tus expectativas sean flexibles. A veces, las cosas no siempre suceden como queremos, así que debes descubrir cómo puedes ajustarte y responder de manera rápida, para seguir adelante. Recuerda, solo porque tengas que cambiar tus expectativas no significa que seas un fracaso. Simplemente significa que eres receptivo y puedes manejar las situaciones inesperadas que la vida te presenta. Y por si acaso olvidaste, ser receptivo a las situaciones es una clara señal de ser mentalmente fuerte.

- Transforma tus pensamientos negativos. Una vez dijo un hombre sabio que todas las cosas buenas que suceden no son buenas y todas las cosas que suceden que son malas no son malas. Esto significa que necesitas aprender a ver lo bueno en situaciones negativas. Cuando despojas todas las capas de una situación negativa, ¿cuáles son las joyas positivas escondidas en lo más profundo?

- Mantente tranquilo bajo presión. El dicho dice que la presión rompe tuberías o crea diamantes. Cuando estás tranquilo bajo presión, solo permites que tu mente esté lo más clara mentalmente posible para tomar la decisión más efectiva posible. Consejos comunes para mantenerte tranquilo bajo presión incluyen respirar hacia adentro y hacia afuera en situaciones estresantes y contar hasta diez antes de responder a cualquier cosa.

- Sé ético y valiente. Las personas mentalmente fuertes son valientes. Cuando pensamos en nuestros líderes más famosos, muchos de ellos tenían la fortaleza mental y no tenían miedo de tomar una postura por algo en lo que creían. Tampoco tenían miedo de tomar una postura incluso cuando otras personas no lo estaban haciendo. A menudo, la parte ética se pasa por alto, pero las personas mentalmente fuertes saben que pueden tratar a los demás de la forma en que quieren ser tratados y lograr lo que quieren al mismo tiempo.

- Cuando estás enfrentando situaciones, asegúrate de que tu reacción se alinee con tus metas y valores. No tienes que hacer algo solo porque te sientes presionado. No temas decir que no, ya que puede ayudarte a alinearte con tus metas verdaderas y tu propósito en la vida si una decisión no es adecuada para ti.

- No te sientas abrumado cuando te dispongas a ser más fuerte mentalmente. Lo mejor de cualquier tarea grande es que puedes dividir las difíciles poco a poco. Puede que no puedas manejar una gran cosa de una sola vez, pero puedes manejar una gran cosa paso a paso o un poco a la vez.

- Es muy importante tener en cuenta tus ejercicios de visualización cuando estás tratando de manejar escenarios que requieren que seas mentalmente fuerte. Si hay algo que sigue ocurriendo una y otra vez, medita y escribe en un diario sobre la situación. Luego, visualiza tu reacción ante ella y el resultado que deseas que ocurra para que cuando la situación se presente, puedas manejarla bien. Recuerda ser lo más detallado posible en tu visualización para obtener los resultados más favorables.

¡Y ahí lo tienes! Estos escenarios te dan la oportunidad de practicar tu resistencia mental y te preparan para cualquier situación difícil que suceda en la vida. Creemos en ti y sabemos que puedes ser fuerte mentalmente, ¡todo lo mejor!

Conclusión

¡Gracias por llegar hasta el final de la Fortaleza Mental! Esperemos que haya sido informativo y capaz de proporcionarte todas las herramientas que necesitas para alcanzar tus metas, sea cuales sean.

El siguiente paso es prepararse para su nuevo camino hacia la fortaleza mental. Ahora tiene todas las herramientas que necesita para ser fuerte en la mente. ¡Ahora, maximícelas al máximo de su capacidad!

¿Necesitas crear un sistema de apoyo o contactar a un terapeuta? ¡Hazlo! ¿Necesitas comprar un diario para comenzar a notar tus tendencias y patrones? Entonces, ¡hazlo! ¿Necesitas crear tu declaración de misión de 'por qué'? ¡Hazlo! No hay razón para que no seas mentalmente fuerte. No más procrastinación. ¡Empieza tan pronto como dejes este libro!

Sabiduría del Estoicismo:

La Filosofía Estoica de Marco Aurelio. Herramientas para la Resiliencia Emocional, la Positividad y la Inteligencia.

© Derechos de autor 2024 por Robert Clear - Todos los derechos reservados.

El siguiente eBook se reproduce a continuación con el objetivo de proporcionar información lo más precisa y fiable posible. Sin embargo, la compra de este eBook puede considerarse como consentimiento al hecho de que tanto el editor como el autor de este libro no son de ninguna manera expertos en los temas tratados en él y que cualquier recomendación o sugerencia que se haga aquí es solo para fines de entretenimiento. Se recomienda consultar a profesionales según sea necesario antes de emprender cualquier acción respaldada en este eBook.

Esta declaración es considerada justa y válida tanto por la American Bar Association como por el Comité de la Asociación de Editores y es legalmente vinculante en todo Estados Unidos.

Además, la transmisión, duplicación o reproducción de cualquier trabajo siguiente, incluida información específica, se considerará un acto ilegal, independientemente de si se hace electrónicamente o en formato impreso. Esto incluye la creación de una copia secundaria o terciaria del trabajo o una copia grabada y solo está permitido con el consentimiento expreso por escrito del Editor. Todos los derechos adicionales reservados.

La información en las siguientes páginas se considera ampliamente como un relato veraz y preciso de hechos y, como tal, cualquier falta de atención, uso o mal uso de la información en cuestión por parte del lector hará que cualquier acción resultante caiga únicamente bajo su responsabilidad. No hay escenarios en los que el editor o el autor original de esta obra puedan ser considerados de ninguna manera responsables por cualquier dificultad o daño que pueda sobrevenirles después de emprender la información descrita aquí.

Además, la información en las siguientes páginas está destinada únicamente para fines informativos y, por lo tanto, debe considerarse como universal. De acuerdo con su naturaleza, se presenta sin garantía con respecto a su validez prolongada o calidad temporal. Las marcas comerciales que se mencionan se realizan sin consentimiento por escrito y de ninguna manera se pueden considerar un respaldo por parte del titular de la marca.

Introducción

Felicidades por descargar el Estoicismo y gracias por hacerlo.

Los siguientes capítulos discutirán todo lo que necesitas saber para comenzar con el estoicismo. El estoicismo es una gran filosofía para seguir. Te ayuda a reconocer más sobre tus emociones y cómo funcionan, y asegura que puedas mantener el control, y elegir cuándo expresar tus emociones, y ser tú quien esté a cargo de tus emociones. La mayoría de las personas eligen simplemente dejar que sus emociones se apoderen, enojándose cuando las cosas no salen como quieren. pero esto puede llevar a relaciones arruinadas, oportunidades perdidas, y mucho más.

Esta guía trata sobre el estoicismo y cómo puedes implementar esta teología en tu propia vida. Vamos a analizar algunos conceptos básicos del estoicismo, la historia que lo acompaña y cómo puedes utilizar esta ideología para mejorar tanto de tu vida moderna. Puedes aprender sobre cómo las emociones destructivas pueden interponerse en el camino hacia una vida feliz y cómo el estoicismo puede ayudarte a aprender más autocontrol, cómo convertirte en un pensador imparcial y cómo utilizarlo para deshacerte de toda la negatividad que ya está en tu vida.

Hay mucha falta de comunicación cuando se trata de trabajar con el estoicismo. Muchas personas que nunca han echado un vistazo a esta escuela de pensamiento piensan que los estoicos no tienen emociones y son fríos, pero en realidad, los estoicos tienen las mismas emociones que los demás, simplemente eligen tener un control total sobre cómo utilizan esas emociones, lo que lleva a una vida mucho más plena y feliz. Cuando estés listo para aprender más sobre el estoicismo y cómo puedes utilizarlo para mejorar tu vida, asegúrate de leer este libro de guía para aprender cómo empezar.

¡Hay muchos libros sobre este tema en el mercado, así que gracias nuevamente por elegir este! Se hizo todo lo posible para asegurar que esté lleno de la mayor cantidad de información útil posible. ¡Por favor, disfrútalo!

Capítulo 1: ¿Estoicismo?

El estoicismo, o la filosofía estoica, puede parecer aburrido para mucha gente. O tal vez escuchas esas palabras y piensas que es una tarea desalentadora comenzar siquiera a entender lo que está sucediendo con esta escuela de pensamiento. Pero en realidad, los principios que vienen con el estoicismo son bastante fáciles de trabajar y entender, y implementarlos en nuestras vidas modernas puede ayudarnos a crecer, mejorar, obtener más control sobre nuestras emociones y mucho más.

El estoicismo es una forma de vida. Te enseña cómo puedes mantener una mente racional y tranquila, sin importar lo que esté sucediendo a tu alrededor. Muchas veces, sentimos que nuestras vidas están en caos. Las cosas simplemente no van como queremos. Pensamos que todos están constantemente enojados con nosotros. Creemos que la gente está en nuestra contra. Perdemos los estribos, no logramos hacer las cosas y a menudo nos sentimos como un fracaso en el proceso.

Pero con el estoicismo, aprendemos a pensar en las cosas de una manera diferente. Aprendemos que podemos tener control, y es más fácil de lo que podríamos imaginar. Por ejemplo, ¿cuántas veces has dejado que tus emociones se apoderen de ti? Te enojaste por algo, te sentiste frustrado, triste o incluso feliz, y simplemente no pudiste detener la emoción. Gritaste, te enojaste, peleaste, empezaste a lanzar cosas, y sentiste que todo estaba fuera de tu control.

Este tipo de pensamiento es muy peligroso. Nos hace sentir en desacuerdo con otras cosas que están ocurriendo a nuestro alrededor, y puede hacernos sentir mal, ansiosos y estresados. Aunque podamos sentir que estamos fuera de control en esta situación, en realidad tenemos todo el control del mundo.

En esta guía, vamos a pasar mucho tiempo examinando el estoicismo y todas las diferentes partes que lo componen. Pero una de las ideas subyacentes que están presentes es que tenemos control. Claro, una emoción surge y no podemos detener nuestros sentimientos. Pero podemos analizar esa emoción y pensar lógicamente cómo queremos reaccionar ante ella.

Cuando estamos enojados, no tenemos que desahogarnos con los demás. Podemos reconocer que la emoción está ahí, determinar si es válida o no, y luego decidir cómo queremos reaccionar. Una vez que te das cuenta de que tienes todo el poder en el mundo sobre tu vida, las cosas ya no parecen tan caóticas o locas. Sí, seguirás teniendo emociones, pero aprenderás a tener control sobre ellas, en lugar de que ellas tengan todo el control sobre ti.

Por supuesto, esta es solo una de las ideas que vienen con el estoicismo. El estoicismo va en contra de algunas ideas modernas que muchos de nosotros apreciamos. Se da cuenta de que hay muchas cosas que están fuera de nuestro control. No podemos elegir cómo nos van a tratar las personas. A veces suceden cosas malas, sin importar cuánto intentemos evitarlas. Pero una constante que siempre permanecerá igual, en la cual podemos confiar, es que tenemos el poder y control completo y total sobre cómo reaccionamos ante el mundo.

10 principios clave del estoicismo.

Para ayudarnos a tener una mejor comprensión de cómo es

un estoico y qué principios se siguen cuando se trata de esta escuela de pensamiento, vamos a echar un vistazo a las diez creencias clave que vienen con esto. Incluyen:

1. Vive en armonía con la naturaleza y las demás cosas que te rodean.
2. Vivir por la virtud
3. Enfócate en lo que puedes controlar, y luego aprende a aceptar las cosas que no puedes controlar.
4. Distingue entre cosas buenas, malas e indiferentes y ajusta tus reacciones a ellas.
5. Toma acción. Un verdadero filósofo no tiene que sentarse y dejar que las cosas sucedan. Ellos toman acción y son aún más efectivos porque están en control de qué acciones utilizan.
6. Practica la desgracia. Si bien el estoicismo debería tratar sobre aprender a aceptar las cosas que no puedes controlar, practicar un poco de desgracia puede ser de gran ayuda. Te ayuda a estar preparado cuando las cosas no van como esperas, lo cual puede ayudarte a progresar realmente porque estas cosas malas no te tomarán por sorpresa.
7. Agrega una cláusula de reserva a todas tus acciones planeadas. Piensa en esto como tu plan B. Cuanto más preparado estés, menos contratiempos menores te van a molestar.
8. Ama todo lo que sucede. No, todo puede que no sea perfecto como quieres, pero es parte del

panorama general de tu vida. Aprende a aceptar y amar todo lo que te sucede, y obtendrás más riqueza de la vida.

9. Convierte todos tus obstáculos en la vida en oportunidades. A menudo, la percepción va a ser clave con este tipo de filosofía.

10. Ten en cuenta. La atención plena es tan importante para obtener los resultados que deseas del estoicismo.

¿Cómo luce un estoico?

La imagen que suele existir sobre los estoicos es que son impasibles, insensibles y que realmente no tienen sentimientos en absoluto. Si bien estas personas pueden mantener la calma en más situaciones que otros, esto no significa que no tengan sentimientos. Simplemente significa que han encontrado formas más efectivas de lidiar con sus sentimientos. En lugar de dejar que esos sentimientos salgan y causen un escándalo o lastimen a alguien más, toman control de los sentimientos y deciden qué les sucederá.

El concepto erróneo de una persona sin emociones proviene de la idea de que los estoicos no deben permitirse dejarse llevar por pasiones no saludables o irracionales. Sí, pueden sentir estas emociones, pero no tienen que reaccionar a ellas de una manera que sea perjudicial o cause algún daño a los demás. Es completamente natural sentir este tipo de emociones, pero eso no se corresponde con nuestra naturaleza humana racional cuando elegimos actuar solo porque estamos experimentando esas emociones.

Van a haber momentos en los que las emociones comiencen a tomar el control. Alguien te dice algo desagradable, te sientes triste cuando ocurre una situación, te sientes excesivamente feliz y emocionado por algo. Estas son todas cosas que suceden en nuestra vida, y las emociones automáticas que surgen de ellas son completamente normales. No siempre podemos controlar lo que está sucediendo a nuestro alrededor, no importa cuánto lo intentemos, y dejar ir eso y trabajar en lo que podemos controlar (que, en este caso, es cómo reaccionamos a nuestra respuesta emocional), puede marcar la diferencia entre ser estoico y no serlo.

En muchos casos, un estoico va a intentar usar el entrenamiento y la razón para ayudarse a no actuar sólo porque están sintiendo cosas. No ignoran el sentimiento. Pero en lugar de dejar que la emoción se apodere, dan un paso atrás. Reconocen que la emoción está ahí. Ignorar la emoción puede ser aún peor que dejarla salir y permitir que tome el control. Por lo tanto, como estoico, no olvides la parte importante de reconocer la emoción que estás teniendo.

Pero en lugar de reaccionar, mirarás esa emoción y responderás con virtud y razonamiento. Después de dar un paso atrás, puede darse cuenta de que estás teniendo una reacción emocional, pero en realidad, no coincide con la situación. Por ejemplo, ¿alguna vez has tenido una situación en la que explotaste con alguien por algo que era realmente pequeño y no significaba nada? Un estoico es menos probable que tenga estas situaciones porque dan un paso atrás, miran la emoción y la situación, se dan cuenta de que actuar de esa manera realmente no está justificado en este caso, y luego encuentran otra forma de lidiar con la situación.

¡Imagina cuántas desacuerdos y discusiones se podrían evitar si todos pudieran hacer esto! No siempre es fácil. El camino más sencillo es simplemente dejar salir la emoción y no pensar en las acciones hasta que todo esté hecho y terminado. Pero agregar más calma y racionalidad a tu vida, y realmente hacerte más feliz en general.

El estoico no va a ser alguien que no tenga ningún sentimiento. Tienen los mismos sentimientos que cualquier otra persona. Pero han aprendido a no ser esclavos de estos sentimientos. Esto no es lo mismo que ser insensible o sin sentimientos. Se necesita mucho tiempo y energía para aprender a ser más disciplinado y tener coraje. Tienen los mismos sentimientos que antes, pero manejar estas emociones y hacer que se comporten de la manera que tú quieres, en lugar de que tú te comportes como tus emociones quieren, es la clave para alcanzar la verdadera felicidad.

Piensa en cuántas amistades has arruinado a lo largo de los años porque reaccionaste con enojo o frustración, y hiciste cosas de las que no estabas orgulloso. ¿Cuántos sentimientos heriste en el camino? ¿Cuántas personas has alejado con tu ira, tu tristeza, o cualquiera de las otras emociones que has sentido? Si alguna vez has hecho algo y luego te arrepentiste, entonces has permitido, al menos en parte, que tus emociones te controlen, en lugar de ser quien controla sus propias emociones.

Ahora, está bien reaccionar a tus emociones en algunos puntos. Esta es la belleza de cómo funciona el estoicismo. Solo porque estás siguiendo esta ideología no significa que tengas que dejar que todo te afecte y nunca puedas mostrar felicidad, tristeza, enojo, o cualquier otra emoción nuevamente. Pero la clave aquí es que tú eliges cuándo mostrar esas emociones. Si das un paso atrás y encuentras que la situación justifica una de esas emociones, entonces adelante y muéstrala exteriormente. En otros casos, puedes descubrir que la emoción simplemente no encaja con la situación, o puedes decidir que, aunque la situación justifique el enojo u otra emoción, simplemente no vale la pena tu tiempo y energía enfocarte en eso.

Hay muchas formas en las que podrás describir a un estoico, y estas realmente ayudarán a otros a comprender más sobre lo que implica esta filosofía. Algunas de las afirmaciones que ayudan a describir la personalidad de alguien que es estoico incluirán:

Son seguros y serenos, sin importar lo que se les presente. Esto requiere tiempo y práctica para dominarlo, así que no te preocupes ni te pongas triste si cometes un error de vez en cuando.

Actúan basados en la razón en lugar de en las emociones.

Se centran en lo que pueden controlar. Y no se preocupan por las cosas que no pueden controlar.

Aceptan su destino, sin quejarse ni lamentarse, y nunca los escuchas quejarse.

Son comprensivos, generosos y amables. Esto suele provenir de la idea de que son capaces de controlar sus emociones, y luego pueden mirar más allá de sus propios problemas y ver el punto de vista de la otra persona en esa situación.

Las acciones que toman son prudentes y se hacen responsables de ellas.

· Ellos saben cómo mantener la calma y han aprendido a no apegarse a las cosas externas.

Van a poseer muchas cualidades admirables como la autodisciplina, el valor, la benevolencia, la justicia e incluso la sabiduría práctica.

Son capaces de vivir en una especie de armonía con todo lo que les rodea. Esta armonía se va a extender hacia la naturaleza, hacia el resto de la humanidad y hacia ellos mismos.

Si bien hay diferentes ideas de lo que es un estoico, muchas de estas son malentendidos de toda la filosofía. Hay muchos beneficios en este tipo de ideología, y seguirlo puede llevarte a la paz interior, mejores relaciones con los demás, y mucho más. Se necesita tiempo y paciencia para aprender a mantener esas emociones bajo control, y como principiante, es posible que te equivoques y dejes salir esas emociones. Esto no significa que seas una mala persona o que hayas fallado en lo que respecta al estoicismo, solo significa que hay más trabajo para mejorar a medida que avanzas en tu viaje.

Capítulo 2: La historia del estoicismo

El estoicismo se formó en la antigua Grecia, por Zenón, alrededor del 300 a.C. La palabra estoicismo proviene del griego Stoa Poikile, que significa "pórtico pintado". En aquella época, este era un espacio público disponible al aire libre donde los filósofos de Grecia podían reunirse y pasar tiempo hablando. Aquí se discutieron muchas teorías que luego fueron incluidas en el desarrollo inicial del estoicismo.

Chrysippus fue uno de los primeros creadores de la doctrina establecida con el estoicismo, y pasó tiempo expandiendo estos fundamentos en sus propias escrituras. Sus explicaciones de esta doctrina temprana ayudaron a hacer del estoicismo un movimiento filosófico muy popular durante su época, e incluso hasta hoy. A menudo se le da el crédito de darle al estoicismo la aclamación y reconocimiento que sabemos que ha tenido a lo largo de los años; todo gracias a sus publicaciones en ese momento.

Según Crisipo, todo lo que sucede a nuestro alrededor, incluyendo cosas en nuestras vidas y en la naturaleza, va a depender de una causa específica. Es decir, si hay algo malo que está sucediendo en tu vida, va a haber alguna causa raíz que te llevó a este destino. Nada que ocurra en la vida va a suceder sin una causa y efecto secuencial. De la misma manera, también creía que cada uno de nosotros tiene influencia y desempeña un papel en nuestro destino final y que tenemos todo el poder para cambiarlo. Creía que para que un individuo tenga un alma libre, los seres humanos necesitaban tener una comprensión clara de estos patrones.

Hasta ese punto, Grecia había pasado por muchas eras de pensamiento filosófico, incluyendo el escepticismo y el cinismo. Sí, además de sus significados literales en tiempos modernos, en realidad eran escuelas de pensamiento que muchos seguían en la antigua Grecia. Por sí mismo, descubrirás que el estoicismo no duró mucho tiempo en la antigua Grecia, pero partes de él terminaron influyendo en otros tipos de filosofías y religiones a lo largo de las edades después de ese tiempo.

Si bien hubo muchas ideas desarrolladas bajo el paraguas del estoicismo, la más importante de todas es la idea de que tenemos completo poder y control sobre nuestras emociones, y la capacidad de superar las emociones más dañinas y negativas es la mejor clave para vivir nuestras vidas de la mejor manera posible. Si cedemos a esas emociones, es probable que causemos distracción y dolor en nuestro camino. Pero si logramos superar esas emociones, es mucho más fácil mantenernos felices y conservar algunas de las relaciones cercanas en las que tanto confiamos.

El entrenamiento en esta filosofía se centrará en el dominio de las emociones, lo que nos puede dar la capacidad de reaccionar a las situaciones que se nos presentan de manera lógica y controlada. Cada uno de nosotros puede tener una vida satisfactoria y productiva, pero primero, necesitamos aprender a deshacernos de los sentimientos negativos y la ira, y luego reemplazarlos con acciones más significativas.

Entender que la vida tiene su propio flujo y reflujo, que todos tenemos cosas positivas y cosas negativas que nos suceden, y la capacidad de mirar esas situaciones, tanto buenas como malas, de manera neutral, es la esencia del estoicismo y su visión ética. Recuerda, no se trata solo de no reaccionar ante esas cosas. Aún debes ser parte del mundo que te rodea y las emociones van a aparecer, sin importar cuán duro intentes evitarlo. En cambio, un estoico se da cuenta de que tiene el poder de elegir una reacción lógica ante cualquier problema que encuentre, en lugar de liderar la situación con una carga emocional. Es una pequeña diferencia, pero realmente puede transformar nuestros caminos y hacer que nuestros patrones de pensamiento cambien.

Por ejemplo, puedes encontrarte en una situación en la que tu coche se avería y estás en la carretera. Tienes la opción de cómo reaccionar. Algunas personas pueden enfadarse y centrarse en lo inconveniente que es esto y en cómo llegarán tarde al trabajo. Se preocupan tanto por el problema que asumen que esta es la única forma de reaccionar en esa situación. Pero en esta situación, has perdido el control. Tus emociones están bajo control y probablemente pareces y suenas como un tonto enfadándote por una situación que está fuera de tu control. Esta negatividad te acompañará durante el resto del día, y realmente puede afectar tu estado de ánimo.

También tienes la opción de adoptar una perspectiva más estoica. El coche se averió y ahora estás en el costado de la carretera, sí, pero no es algo que pudieras controlar, y realmente no tiene impacto en ti como persona. Llegar tarde no acabará con el mundo, y aunque pueda ser una molestia, no pasará mucho tiempo antes de que puedas seguir con el resto de tu día.

Cuando vives en la razón, significa que necesitas tener una comprensión de cuál es tu lugar en el universo y por qué estamos aquí. En el Estoicismo, la persona necesita vivir dentro de las leyes de la naturaleza y luego aprender cómo el sufrimiento y la negatividad a veces pueden ser parte de nuestra existencia terrenal. Optar por aceptar pasivamente este hecho y no dejar que nos controle puede llevar a mucha felicidad y contentamiento.

Otra cosa importante a tener en cuenta aquí es que todos los seres vivos en este mundo han sido creados iguales y que este proceso no se trata solo de nosotros mismos. Necesitamos respetar y aceptar la virtud de los demás. No estamos en esto de manera individual; todos somos ciudadanos del mundo y podemos pasar por las mismas pruebas y problemas, emociones y más como los demás.

Como puedes ver en esto, el Estoicismo no es solo una idea ética. Es una forma de vivir tu vida. En esencia, el Estoicismo se trata de estar en el momento presente y comprender tu parte y tu lugar en nuestro universo. Aprendes a controlar tu vida y cuánta felicidad obtienes de un día a otro. Y tener este control, aunque requiere mucho tiempo, dedicación y persistencia, puede ser justo la respuesta que buscabas cuando comenzaste con esta ideología.

Hay muchas razones excelentes para aceptar el estoicismo y las ideas que vienen con él. Mientras muchas personas asumen que es solo una corriente de pensamiento que implica ser inexpresivo y no preocuparse por otras personas, este no es el camino de un estoico. De hecho, a menudo se llevan mejor con otras personas porque reconocen el punto de vista de los demás, en lugar de solo concentrarse en el suyo propio. Son maestros de sus propias emociones y saben cómo cambiar las cosas que pueden controlar mientras aceptan las cosas que no pueden.

Capítulo 3: Pensador imparcial

Lo primero que vamos a explorar en cuanto al estoicismo es cómo convertirse en un pensador imparcial. Los seres humanos han desarrollado un hábito bastante malo de poner sus emociones, y todos los pensamientos emocionales, antes que cualquier pensamiento lógico. Una de las partes principales de ser un buen estoico es que procesarás tus emociones, pero elegirás reaccionar ante ellas de manera lógica. Las emociones siguen estando ahí, y el estoico sigue reconociendo esas emociones, pero el poder que tienen sobre el individuo se minimiza.

Ser capaz de hacer esto y operar en un modo de total equidad es una virtud que la mayoría de las personas carece en nuestro mundo moderno. Un verdadero estoico es capaz de trabajar dentro de las leyes de la naturaleza que los rodea, y la idea de ir en contra de eso con el fin de obtener estatus emocional y ganancias personales solo te llevará a muchos problemas más adelante. Si bien es parte de la naturaleza humana actuar de forma egoísta y en nuestro propio beneficio, este es un rasgo que puede desviar incluso a las mejores personas.

Ser imparcial en los pensamientos que tienes realmente te puede proporcionar la capacidad que necesitas para ver todas las posibilidades que se te presentan. Las personas que solo se concentran en la solución a un problema sin considerar los sentimientos que tienen sobre el tema o aquellas que no consideran quién es la persona que proporciona la idea tomarán las mejores decisiones. Son capaces de pensar objetivamente y tomarán todo en consideración, sin preocuparse por cómo se sienten acerca de la situación, o incluso cómo se sienten acerca de la otra persona.

Todos tenemos a esas personas con las que simplemente no nos llevamos bien. Nos sacan de quicio, nos molestan, o han hecho algo que nos ha perjudicado en el pasado. Pero simplemente porque no nos gusten, no significa que no tengan buenas ideas que considerar. Si eliges un proyecto ganador en el trabajo solo porque fue presentado por alguien con quien te llevas bien y ignoras un proyecto solo porque fue presentado por alguien a quien no le caes bien, entonces te estás perdiendo muchas oportunidades geniales en el camino.

El cerebro es algo que necesitamos explorar un poco aquí. El cerebro va a procesar estímulos a través del tacto, el sonido y la vista, y luego enviará una respuesta. La primera vez que te expongas a algo, puede llevar más tiempo procesar esa información y dar sentido a lo que está sucediendo. Pero cuanto más te expongas a esos mismos estímulos, el cerebro comenzará a construir rutas que puedan procesar la información más rápido. Te llevará a la misma conclusión que se alcanzó antes.

Esto hace que las cosas sean más fáciles para el cuerpo y sea una cuestión de conveniencia para el cerebro. Es por eso que podemos hacer muchas tareas sin siquiera pensar en ellas. El inconveniente de esto, sin embargo, es que se vuelve muy fácil desarrollar algunos patrones de pensamiento negativos. Si siempre tenemos una perspectiva negativa en las situaciones, esas vías se volverán muy fuertes, y siempre daremos una respuesta negativa. Cuando queremos convertirnos en estoicos, necesitamos aprender a anular esas vías originales y cambiarlas por algo mucho más positivo.

Veamos un ejemplo de esto. Digamos que la mayoría de las veces, empiezas a frustrarte y enojarte cuando te encuentras con tráfico en el camino al trabajo. Esto puede ser frustrante, pero no es realmente un gran problema. Has entrenado a tu cerebro para automáticamente enojarse y ponerse ansioso cuando ves tráfico. Este es un patrón de pensamiento negativo, pero está impulsado principalmente por las emociones. Te sientes preocupado o enojado por llegar tarde al trabajo. Sin embargo, si quitas esa emoción, entonces el embotellamiento de tráfico es solo una cuestión de progreso lento hacia tu destino previsto. Ya no es frustrante.

Una excelente manera de trabajar en tu cerebro y lograr que cambie hacia una forma más positiva es aprender a cambiar la actitud que tienes hacia las cosas que suceden a tu alrededor. Muchos de nosotros podemos situarnos como víctimas en cualquier situación, pero en la mayoría de los casos, somos completamente responsables de lo que sucede, y solo necesitamos ver eso. Si no te gusta la manera en que va una situación, depende de ti hacer el cambio. Por ejemplo, en lugar de enojarte por cómo va tu carrera y arremeter contra tus compañeros de trabajo, podrías decidir encontrar una carrera más gratificante y hacer un cambio.

Tomar la responsabilidad correcta de tu propio punto de vista y tus propias emociones puede realmente convertirse en un factor motivador para hacer cambios que mejoren tu propia vida. Si quieres que algo se vuelva más positivo para ti, entonces necesitas empezar a tratar tu día, así como a aquellos a tu alrededor, exactamente como lo imaginabas en tus ensueños. Si nunca tendrías un ensueño sobre ser grosero con los demás y simplemente hacer lo mínimo cada día, entonces no debes permitir que esta negatividad entre en tu vida diaria.

Ser imparcial en tu vida no siempre es fácil. Cada nueva situación que surge es una nueva oportunidad para que te detengas y pienses si estás reaccionando con lógica, o con tus emociones. Al principio, simplemente reaccionarás automáticamente, sin pensar. Pero necesitas aprender a alejarte de una situación para poder cambiar esto.

Por ejemplo, si te sientes molesto con tu pareja, puede que pienses que echar la culpa, decir cosas hirientes y desahogarte puede sentirse bien en ese momento. Pero, ¿dónde te ha llevado esto en el pasado? Probablemente solo a arrepentirte. Actuar basándote en emociones puede sacar a relucir más malas emociones, y te quedas atrapado en un ciclo vicioso del que no puedes salir. Si no puedes controlar las emociones, quizás sea hora de alejarte un poco, permitiéndote reflexionar sobre tus emociones antes de decir algo.

Después de un descanso, puede que te des cuenta de que la situación no es tan grave. Tal vez reaccionaste de más ante algo. Tal vez no te sientes bien. Y tal vez estabas cansado o hambriento y eso te hizo actuar de cierta manera. Durante este tiempo, también considera cómo la otra persona ve esa misma situación. Tal vez querían decir algo agradable, o algo que pensaron era inocente, y tu reacción exagerada los ha dejado confundidos y heridos.

Ser capaz de alejarte de tus emociones y pensar en la forma en que reaccionas ante diferentes situaciones puede ser de gran ayuda para que te sientas de la mejor manera posible. Puede ayudarte a tener más control, a tener más comprensión con las personas que te rodean y mucho más.

Capítulo 4: La Importancia del Autodominio

Lo próximo que necesitamos analizar es la importancia de la fortaleza y el autocontrol. Entender cómo navegar tu propia respuesta emocional a diferentes situaciones puede requerir cierto autocontrol. Es algo en lo que debes pensar conscientemente, en lugar de simplemente esperar que suceda. Necesitas sentir tus emociones, procesar esas emociones, ponerlas de lado, y luego actuar de manera lógica cuando todo esté hecho. El requisito para hacer esto es una mente fuerte, y la mayoría de las personas no nacen con esta habilidad. Es algo que se puede desarrollar con mucha práctica y entrenamiento.

En muchas situaciones, la idea de autocontrol va a ser vista como lo mismo que ser capaz de resistir la tentación. Para muchos, esto podría estar relacionado con controlar malos hábitos, o comida y el consumo excesivo de dulces. En el caso de este libro, se trata más de resistir la tentación de actuar según tus emociones. Dado que la mayoría de reacciones emocionales van a ser vistas como exageradas, definitivamente es una victoria a tu favor si eres capaz de resistirlas.

El autocontrol es algo que necesita ser aprendido. Aunque puedas encontrar algunas áreas de tu vida en las que eres bueno en autocontrol, hay algunas áreas en las que necesitas trabajar. Por ejemplo, puedes tener mucha dedicación y disciplina cuando se trata del trabajo que haces, pero luego fallas cuando se trata de los tipos y cantidades de alimentos que comes.

Es posible desarrollar más autocontrol en las áreas que deseas, siempre y cuando estés dispuesto a poner el esfuerzo necesario para lograrlo. El primer paso para lograr esto es establecer metas que te gustaría alcanzar. No importa en qué aspecto de tu vida quieras mejorar, tener un destino final y pasos para llegar allí es crucial. Gran parte de la batalla con esta autodisciplina radica en saber qué se debe hacer. A menudo procrastinamos y damos vueltas en círculos cuando no tenemos un buen plan de acción establecido. Una vez que tengamos un buen plan en marcha, será más fácil entender el problema para poder trabajar en él.

Digamos que te has propuesto ser un pensador imparcial. Establecerías eso como el objetivo final, y luego podrías desarrollar metas más pequeñas para ayudarte a llegar a ese resultado. Puedes establecer los pasos como te gustaría, pero hazlos claros y concisos, establece una fecha límite para cumplir con cada uno, y no te rindas hasta lograrlo.

Cuando atravieses este proceso, asegúrate de enfocar tu energía en una meta a la vez. Si intentas trabajar en dos o más metas, te resultará realmente difícil alcanzar cualquier objetivo. Lo que te enfoques va a crecer y cambiar contigo, así que elige la meta que sea más importante para ti y mantente con ella hasta que esté completa. Una vez que lo hagas, podrás añadir una nueva meta que desees alcanzar.

Capítulo 5: Utilizando el Estoicismo para Liberarse de los Celos y la Avaricia

Una vez que hayas trabajado en tener un pensamiento imparcial y mejora tu autocontrol y tu fortaleza, es hora de pasar a usar el estoicismo para liberarte de la ira, la codicia y los celos. Estos sentimientos se ven como algunos de los peores tipos de rasgos humanos. Estos sentimientos a menudo surgen de sentimientos de insuficiencia en tu propia mente. Muchas veces dejamos que nuestra mente se descontrole y podemos imaginar cosas que son extrañas o que en realidad no están ahí. En realidad, la acumulación en tu cabeza casi nunca se materializa cuando la ves en tu vida real.

Por ejemplo, los celos son una emoción negativa que a menudo se puede encontrar cuando estás en una relación personal. Una pareja que es insegura puede empezar peleas con su ser querido para sentirse mejor consigo misma. En la mente de esta persona, imaginan que un pequeño hábito, como llegar a casa un poco tarde del trabajo, se debe a infidelidad u otras malas cosas, en lugar de simplemente llegar tarde debido al tráfico o trabajar hasta tarde en la oficina.

La respuesta de buscar pelea por algo que no es más que nada se debe al escenario inventado que estabas construyendo en tu mente. Te sientes molesto y enojado por algo que en realidad nunca sucedió, anticipando que la acción sí ocurrió. Esto puede causar muchos problemas en una relación porque un(a) pareja ha dejado que su imaginación y sus emociones los dominen y los perturben, mientras que el(a) otro(a) se siente confundido(a) y herido(a) por ser acusado de hacer algo que nunca hizo.

En lugar de darle tiempo a tu imaginación para divagar, deberías decidir conscientemente pensar en cosas más positivas. En el ejemplo anterior, en lugar de imaginarte que tu pareja llega tarde porque te está engañando, piensa en todas las opciones más probables y razonables de por qué llega tarde. Si esto no funciona, haz una llamada rápida a tu pareja y averigua por qué se está retrasando.

Por otro lado, dar siempre a la gente el beneficio de la duda también puede ser algo malo. Por ejemplo, si tu pareja siempre llega tarde a casa desde la oficina porque te está engañando, sigue siendo importante confiar en tus instintos. No quieres crear ideas negativas en tu cabeza donde los problemas en realidad no existen, pero también quieres escuchar tu intuición y prestar atención a esas emociones si te están diciendo que algo está pasando.

Esta es la belleza del Estoicismo. Todavía puedes sentir emociones. Pero puedes analizarlas de manera lógica y decidir si son realmente verdaderas o no y cómo quieres reaccionar. Si sientes que tu imaginación se está yendo, entonces puedes optar por dejar de lado esos miedos y seguir adelante. Pero si examinas esas emociones y sientes que algo está mal, tal vez sea el momento de investigar un poco y luego decidir cómo actuar a partir de ahí.

Liberarte de estas emociones realmente puede hacer mucho cuando se trata de mejorar tus relaciones y asegurarte de que todos los involucrados tengan una mejor calidad de vida. Llegar al fondo de lo que está desencadenando estas emociones en ti es realmente la mejor manera de detener esas emociones en seco. Recuerda que aquí no estás ignorando tus emociones; en cambio, vas a procesar y luego reaccionar a todas las emociones que tengas de una manera más racional.

De hecho, cuanta más inteligencia emocional tengas en tu vida, más fácil será para ti volverte un estoico. El objetivo aquí es que no reprimas las emociones. Está bien sentir las emociones, pero no dejes que tomen el control de tu vida. Aprender cuáles son tus desencadenantes emocionales y tomarte el tiempo para evaluar realmente lo que está sucediendo dentro de ti puede ayudarte a tener más control no solo sobre tus emociones, sino también sobre otros aspectos de tu vida como estoico.

Ahora vamos a hacer un pequeño ejercicio. ¿Alguna vez te has sentido enojado y molesto por algo que parecía bastante pequeño? Pero aún así creaste una gran reacción, una que era exagerada para la situación. ¿Realmente fue esa cosa más pequeña la que te hizo enfadar desde el principio, o hubo un detonante más grande que ocurrió en segundo plano y que luego influyó en esa reacción ante el problema pequeño?

Por ejemplo, tal vez un día ves que tu cónyuge dejó algo de mantequilla de maní en la mesa cuando terminó de hacer un sándwich. Algunos días pasas por allí, la vuelves a poner en la nevera, y ahí acaba la historia. Pero hoy, te enojas mucho y reaccionas bruscamente. En realidad, no estás enojado por la mantequilla de maní en este momento. De hecho, puede deberse a que tuviste un mal día en el trabajo y te sientes poco valorado en tu vida. O puedes sentir que es una falta de cuidado y consideración, algo que percibes como una tendencia creciente entre ustedes dos en la relación.

Si quieres ayudarte a reaccionar de la manera adecuada a las situaciones que te rodean, entonces necesitas ocuparte del problema más grande y original antes de que se salga de control. Esto no significa que tienes que repasar absolutamente todo lo que ocurrió en tu relación desde que comenzó. La mejor idea con la que puedes trabajar es señalar las cosas cuando surgen por primera vez. Si las mantienes guardadas en tu interior, entonces será algo pequeño lo que te haga reaccionar de manera exagerada a la situación.

Y aquí es donde el estoicismo puede entrar en juego. Cuando ocurre una situación en tu relación que termina haciéndote enojar o molestar, entonces te detendrás a pensarlo. Puedes decidir si el problema es realmente algo por lo que debes enojarte. Si crees que es importante, hablarás con tu pareja al respecto en ese mismo momento. Pero si decides que no es importante, simplemente lo dejarás pasar y olvidarás el tema en ese mismo instante.

Esto puede ser algo difícil de hacer para muchas personas. Se aferran a sus emociones y a las cosas que les enojan. No quieren causar problemas y hacer las cosas difíciles. Pero luego ignoran los problemas tanto que todo explota por algo pequeño y sin sentido. Usar el estoicismo para decidir cómo lidiar con todas las situaciones puede marcar una gran diferencia en cómo enfrentas cada situación.

Lidiar con el problema que realmente te está fastidiando, antes de que tenga la oportunidad de convertirse en un gran problema, es la mejor opción. Si te encuentras con problemas al respecto, considera hablar con un consejero entrenado para ayudarte a entender las diferentes emociones que estás sintiendo. Muchos de nosotros podemos pasar gran parte de nuestras vidas sin abordar algunos de los problemas a los que nos enfrentamos, por lo que encontrar la mejor manera de empezar puede parecer casi imposible. Pedir ayuda también puede ser difícil, pero te ayudan a profundizar en esos sentimientos para que tengas una mejor comprensión de dónde vienen, y puedes racionalizarlos y resolverlos mejor.

Incluso si no tienes tiempo para visitar a un profesional capacitado, asegúrate de aprender a comunicarte abiertamente con los demás. Mantener las cosas para ti y nunca expresar tus opiniones y preocupaciones hace que las cosas sean difíciles de varias maneras. En primer lugar, si las mantienes encerradas en tu interior, te sentirás mal contigo mismo y algo pequeño te hará desbordar. Y si mantienes esas emociones dentro, nadie sabe dónde te encuentras en la vida, y eso puede complicar las relaciones.

Esta comunicación puede ser útil. Las otras personas a tu

alrededor no están tratando de hacerte daño. Puede que ni siquiera se den cuenta de que están haciendo algo que te molesta o algo malo hasta que se lo hagas saber. Están demasiado ocupados con sus propias cosas que no se dan cuenta de que las acciones que toman están causando problemas y enojo a otros.

No quieren ser crueles con los demás; es simplemente la forma en que se acostumbraron a manejar las situaciones. Una vez les digas que ciertas acciones los molestan, estarán más que felices de hacer cambios. Solo recuerda que la comunicación es de ida y vuelta, y si expresan una preocupación sobre algunas acciones que haces, sé receptivo y no te lo tomes personalmente tampoco.

Esto no te da derecho a criticar a la otra persona sin cesar. No puedes ser cruel al respecto. Necesitas abrir las líneas de comunicación y discutir tus preocupaciones con alguien, pero si notas que han tenido un mal día, o parecen que algo les está pasando, entonces tal vez retén tus preocupaciones. No las saques como una forma de empezar una pelea con la otra persona. Úsalo como una forma de cubrir tus necesidades de manera constructiva.

El enojo, la avaricia y los celos pueden ser la perdición de mucha gente y muchas relaciones. Son emociones que realmente nadie quiere sentir, porque nos pueden hacer sentir horribles y mal. Aprender cuándo surgen estas emociones en nosotros, cómo evitar esas emociones y cómo reaccionas ante esas emociones realmente puede marcar la diferencia en cómo te sientes y cuán saludables son tus relaciones. El estoicismo es una gran manera de descubrir la verdadera razón por la que estás lidiando con estas emociones, y puede ayudarte a obtener el control que necesitas sobre esas emociones negativas.

Capítulo 6: Cómo Superar Emociones Destructivas

Si alguna vez has permitido que tus emociones se apoderen de la situación, sabes cuánto puede meterte en problemas. Aquellos que tienen mal genio, aunque sea ocasional, saben que estas abrumadoras emociones realmente pueden hacer que actúen de una manera de la que luego no se sienten orgullosos. Pueden decir cosas que no quieren decir, pueden hacer acciones con las que no están contentos, y puede causar mucha desconfianza y tensión en cada relación.

Además de causar problemas contigo y con quienes te rodean, estos sentimientos de enojo y estrés van a afectar tu bienestar personal. Los celos y la envidia a menudo pueden surgir de sentimientos de insuficiencia y baja autoestima. Cuando carecemos de confianza en nosotros mismos, a menudo tenemos dificultades para controlar nuestras emociones. Sentimos que estamos fuera de control, nos sentimos celosos de aquellos que tienen confianza en sus propias habilidades, y todo esto puede hacernos sentir enojados.

Cuando nos sentimos de esta manera, seguimos manifestando aún más rabia y más estrés, lo cual puede ser perjudicial para mantener el control, así como para nuestra salud. Cualquier emoción que nos cause daño, y pueda causar daño a los que nos rodean, es destructiva. Pero esta es la realidad con la que muchas personas viven, y ya que no aprenden a separarse de estas emociones, terminan en un ciclo vicioso en el camino.

Si quieres implementar el estoicismo en tu vida, entonces debes aprender que estas emociones destructivas no tienen lugar en tu vida. No solo las emociones negativas como la codicia, la envidia, los celos y la ira son destructivas, sino que también demasiada felicidad puede ser un problema. ¿Cómo puede ser la felicidad una emoción destructiva? Si estás feliz pero te convierte en una persona insensible y descuidada hacia los demás, entonces la felicidad también puede volverse negativa.

Por ejemplo, si eres dueño de tu negocio y hay algunos empleados que trabajan contigo, debes asegurarte de que todas las acciones que tomes no vayan a afectar al negocio de manera negativa. Estar muy feliz y emocionado, y nunca pedir opiniones a tu equipo y a otros antes de tomar una nueva dirección en tu negocio puede convertir tus acciones en destructivas.

Dado que las emociones de feliz destrucción no son tan probables como las otras de las que hablamos, vamos a pasar por encima de estas en esta guía y dedicaremos más tiempo a las negativas. Estas emociones negativas pueden llevar a mucha ansiedad, depresión y estrés en tu vida, lo cual puede manifestarse en las relaciones que tienes también. Como estoico, es importante que aprendas a salir del lodazal y la opresión de estos pensamientos para que puedas mantenerte en control y vivir una vida feliz y productiva al mismo tiempo.

Esto puede parecer difícil de hacer. Vivimos en un mundo donde es normal para las personas aferrarse a sus emociones, reprimiéndolas y ignorándolas. Pero esto nunca funciona. Todo lo que suprimir las emociones hace es que acabes explotando por algo insignificante, y quita el control de tus emociones de tus propias manos. El estoicismo va en contra de estas ideas, permitiéndote expresar esas emociones de una manera segura y efectiva donde tienes el control y decides cuál es el mejor momento y lugar para dejar salir las emociones, o incluso decidir que la situación no merece la reacción en absoluto.

Un buen método que puedes usar para equilibrar tus emociones destructivas es encontrar cosas positivas que puedan contrarrestarlas. La atención plena puede ser utilizada en este escenario. Aprende a estar más consciente de tu entorno y concéntrate en encontrar lo bueno en la vida. A menudo nos dejamos llevar demasiado por las cosas negativas, las cosas que no van como queremos. Pero una vez que empezamos a buscar lo bueno, es sorprendente cuántas cosas buenas aparecerán.

Si aún no lo has hecho, comenzar la meditación diaria puede ser una buena manera de conectarte más con las emociones que tenemos. La meditación te permite tomar un respiro de la realidad, ralentizar y despejar la mente, y básicamente te permite abrazar tus sentimientos y pensamientos con el objetivo de controlarlos y dominarlos. Incluso tomarse quince minutos durante el día para sentarse solo en silencio puede hacer maravillas para ayudarte cuando comienzas con el estoicismo.

Mientras estás haciendo tu sesión de meditación, o incluso pasando por terapia si eliges esa opción, debes detenerte para centrarte en cómo tus emociones han impactado tu vida exterior. Por ejemplo, si eres propenso a explosiones de ira, puedes considerar cómo afectan tu trabajo y a quienes trabajas, tus relaciones y cuán exitoso eres en tu vida. ¿Te has perdido muchas oportunidades debido a la actitud que tienes?

Muchas veces, asumimos que son otras personas las que nos están impidiendo tener éxito. Pensamos que nos perdemos de cosas porque a alguien no le gusta, porque la vida no es justa, o porque no tenemos control sobre la situación, pero en realidad, es porque esos estallidos de ira que experimentas te están alejando de tus compañeros de trabajo y haciéndote parecer que no eres la persona adecuada para el trabajo. El control es completamente tuyo, solo necesitas aprender a lidiar con la ira y tus otras emociones negativas para lograrlo.

Ser capaz de hacer las conexiones entre esta causa y efecto es realmente el corazón de la ideología estoica. Según la historia, o el viejo proverbio, cada acción va a tener una reacción. Cada paso que hayas dado en el pasado es el resultado del que vino antes. Cuando comienzas a reconocer estos patrones, y luego trabajas en hacer los cambios adecuados cada vez que ves un problema, es una gran manera de utilizar el estoicismo como una forma de tener más confianza y crecimiento personal en general.

Este proceso va a llevar algo de tiempo. Necesitas aprender más sobre ti mismo, aprender a negar patrones emocionales destructivos, y aprender a controlar esas emociones para que puedas vivir tu vida basado en la lógica, en lugar de en tus emociones, tanto como sea posible.

Capítulo 7: Cómo usar el estoicismo para enfrentar la negatividad en tu vida

El estoicismo puede incluso ser utilizado para ayudarte a enfrentar las cosas negativas que están ocurriendo en tu vida. Muchas veces la negatividad puede parecer que nos sigue a todas partes. Nadie quiere lidiar con ella, pero es realmente una parte de la vida con la que debemos lidiar. Puede ser que no consigamos el trabajo que queremos, esas cuentas se acumulan de vez en cuando, y cosas malas suceden sin importar cuánto tratemos de evitarlas. El estoicismo nos ayuda a lidiar con estas situaciones negativas. No siempre puedes controlar las situaciones que te ocurren, pero sí puedes controlar cómo reaccionas ante esas situaciones.

Una de las mejores formas en que puedes enfrentar cualquier situación negativa que ocurra en tu vida es imaginarlas en la realidad. En la realidad, sabes que la negatividad va a ocurrir, y es algo que tendrás que abordar. Mientras que algunos libros de autoayuda hablan sobre cómo simplemente eliminar todos esos malos pensamientos de tu vida, esto generalmente no funciona, y no detiene que las cosas malas sucedan.

Con la teoría del estoicismo, se nos enseña a imaginar y pensar lógicamente en el peor escenario posible. Si bien no se trata de que te quedes pensando y preocupado por cada cosa mala que te pueda pasar en la vida, sí te pide que estés preparado para ellas. Cuando estás preparado para las cosas malas, o los aspectos negativos, no te sorprenderás cuando sucedan, o algo menor, puedes mantener el control sobre tus emociones.

Si eres capaz de eliminar todas las diferentes emociones de una mala situación antes de que siquiera ocurra, descubrirás que estás mejor preparado para lidiar con esa situación cuando realmente suceda. Por ejemplo, ¿alguna vez has pensado que perderías tu trabajo por cometer un pequeño error? El miedo y la angustia de perder tu trabajo pueden llegar a paralizarte. Pero esto no sucederá si ya lo has pensado y te has preparado para lo peor. Es probable que no pierdas tu trabajo en absoluto, por lo que mantuviste todas las emociones fuera de la ecuación y de la situación.

En el escenario anterior, ¿qué sucederá si pierdes tu trabajo por ese pequeño error? ¿Podrías encontrar trabajo inmediatamente? ¿Tendrías la opción de regresar a la escuela? ¿Tienes suficiente dinero en el que confiar o podrías encontrar algo para salir adelante por unos meses? Pensar en esto te ayuda a elaborar un plan en el caso poco probable de que te despidan por ese pequeño error. Y a menudo, descubrirás que las cosas estarán bien si te despiden. Esto puede hacer que incluso el peor escenario parezca no ser importante, y puedes superar la situación mejor sin preocuparte por las emociones que se interponen en el camino.

La realidad en la vida es que hay muchos eventos que pueden sucederte a lo largo de tu vida, pero muy pocos de ellos serán potencialmente mortales. El auto descomponiéndose, algo que necesite ser arreglado en la casa, perder tu trabajo, y más no te matarán y no serán el fin del mundo a menos que se lo permitas. Tomarte el tiempo antes de que ocurran para pensar cómo reaccionarás en esas situaciones puede marcar una gran diferencia en cómo se desarrollará la situación para ti.

Capítulo 8: El estoicismo en tu vida moderna

Para muchas personas, la idea de practicar el estoicismo parece imposible. Piensan que se trata de una idea antigua, que solo puede funcionar en la antigua Grecia. Puede que no entiendan cómo funciona esta filosofía y decidan que es demasiado difícil de aprender e implementar en sus propias vidas. O se preocupan de que se vuelvan demasiado distantes y fríos si deciden seguir el estoicismo, por lo que descartan esta escuela de pensamiento.

Aunque los tiempos han cambiado desde los comienzos del estoicismo, y ya no estamos en la antigua Grecia, todavía están presentes las mismas condiciones humanas en el mundo de hoy como lo estaban en el pasado. Nosotros, como humanos, seguimos lidiando con las mismas preguntas fundamentales, incluyendo:

¿Cómo puedo superar los miedos que tengo en la vida?

¿Cuál es la mejor manera en la que puedo manejar cualquier éxito y fracaso en mi vida?

¿Es posible para mí ser una buena persona y ayudar a otros, mientras aún siendo exitoso?

¿Por qué tengo tanto miedo a la muerte?

· Cuando siento que mis emociones están tratando de apoderarse, ¿cómo debo manejarlas?

Quiero vivir una vida que sea buena, pero ¿qué significa eso en realidad?

Los fundamentos que acompañan al estoicismo aún pueden ser utilizados hoy en día. De hecho, dado que la base de esta escuela de pensamiento incluye el buen razonamiento y el realismo, pueden ser aún más relevantes hoy en día que nunca. Puede ayudarte a aprender cómo amar a los demás mejor, cómo soportar emociones negativas y cómo ganar más control sobre tu propia vida.

En el estoicismo, aprendes cómo funcionan realmente las cosas, en lugar de imponer tus propias ideas sobre las cosas y desear que salgan como tú quieres. Aquí es donde provienen muchas de las frustraciones y enojos en nuestro mundo moderno. Queremos poder controlarlo todo. Queremos que todo y cada minuto de nuestras vidas encajen perfectamente juntos, y luego, cuando la vida termina yendo de la manera que quiere, en lugar de la que queremos, nos frustramos mucho.

Cuando aprendes que no tienes control sobre todo, entonces puedes tomar decisiones sobre cómo quieres reaccionar, y sobre las cosas que realmente puedes controlar. Por lo tanto, si estás ansioso porque estás esperando cosas que quizás ni siquiera se queden o lleguen, las cosas pueden no salir como queremos. Puede haber ciertas cosas que podemos hacer para mejorarlas, pero siempre hay un poco de incertidumbre, y necesitamos aceptarlo.

Digamos que quieres tener buena salud. Tienes cierto control sobre algunas partes de tu salud. Puedes intentar comer de forma saludable y hacer mucho ejercicio. Puedes asegurarte de salir al aire libre y pasar tiempo con personas importantes para ti. Incluso puedes acudir a tu revisión anual para asegurarte de que estás bien. Sin embargo, habrá momentos en los que te enfermarás, a pesar de tus mejores esfuerzos. Puede que te enfermes menos a menudo que otros, pero aún así te resfriarás o algo similar en el camino.

Emocionarte por este hecho solo empeorará las cosas. Todos nos enfermamos y nos desgastamos de vez en cuando, y eso es solo una parte de la vida. Puedes irritarte y frustrarte y arremeter contra la gente. O simplemente puedes abastecer tu botiquín, tomarte un día libre para relajarte, y luego seguir con tu día. ¿Cuál parece ser un mejor uso de tu tiempo y esfuerzo y te hará sentir más feliz al final?

Otro problema con el que el estoicismo puede ayudar es la idea de la soledad. Cuando observamos esta emoción desde el punto de vista de un estoico, es básicamente un sentimiento que necesita cualquier tipo de ayuda que te falte. Es un tipo de impotencia que se ha combinado con un sentido de aislamiento.

Esto no es cómo la mayoría del mundo ve la idea de la soledad. Pensamos en esta emoción como surgida cuando estamos lejos de las personas más de lo que deseamos o cuando hemos perdido la conexión con un lazo cercano (como cuando un amigo cercano se va o perdemos a un ser querido), o incluso cuando un individuo tiene cierta ansiedad sobre la calidad de sus lazos. Pero la definición estoica puede ser más útil. Hay muchas ocasiones en las que estamos solos sin otras personas y no nos sentimos solos, por lo que la definición tradicional no puede ser la forma correcta.

Si permites que el sentimiento de soledad se apodere de ti, puedes tener problemas para vivir incluso tu vida moderna. Digamos que conoces a una viuda que a menudo comienza a sentirse sola cerca finales de marzo porque era su esposo quien se encargaba de hacer los impuestos. Como estoica, ella no se enfocaría en esa emoción, aunque está bien extrañar al esposo. Se daría cuenta de que usar un software de impuestos o un contador podría hacer que las facturas se pagarán y podría satisfacer la necesidad básica que ha causado la soledad.

La viuda se va a sentir sola porque piensa en los impuestos como una tarea que la hace infeliz, una que no quiere hacer porque no necesita que le recuerden que su esposo ya no está. La procrastinación por la que pasa demuestra una fantasía de que podría traer de vuelta a su esposo pretendiendo que no está allí. Puede entender que terminar el trabajo es la mejor opción y probablemente la haría sentir mejor, pero está decidida a que no le hará sentir menos sola.

Cuando se trata de algunos de los problemas más espinosos con los que tenemos que lidiar durante nuestras vidas, la solución es simplemente aceptar las cosas que no puedes resolver con tus propias acciones, y aprender a evitar la infelicidad adicional de anhelar la solución o la persona que podría resolverlo por ti. También debes tener cuidado de no regañarte en esta situación porque no has traído al solucionador correcto de problemas para mejorar las cosas. Esto solo empeora la situación a la larga.

La soledad es solo uno de los problemas con los que puedes tener que lidiar cuando se trata del estoicismo en nuestro mundo moderno. Quieres poder hacer frente a todas las emociones negativas, incluida la añoranza, la soledad, la ansiedad y la ira. Puede que solo tengas una o dos de estas que sean realmente malas en tu vida, pero sigue siendo importante tomarte el tiempo para aprender a manejar estas emociones fuertes y no dejar que te controlen.

Superar estas emociones negativas es algo que va a requerir mucho entrenamiento. Piensa en dominar el estoicismo como lo harías con dominar cualquier otra habilidad, como tocar un nuevo instrumento, hacer algo de matemáticas, o aprender a conducir. Necesitas dedicar tiempo a practicar y tomar lecciones, y vas a cometer errores. Pero mejora con el tiempo.

El estoicismo puede ayudarte a encontrar remedios para la ira y otras emociones negativas, para que puedas sentirte mejor y no tener que preocuparte por cómo toman el control sobre tu vida. Tomemos un ejemplo de la ira. Si estás lidiando con la ira de manera regular, algunos de los pasos que un estoico puede usar para ayudar a manejar la ira y no dejar que tome el control sobre sus vidas incluirán lo siguiente:

· Dedica un tiempo a meditar antes para ayudarte a sentirte más tranquilo y no dejar que la ira tome el control.

· Controla la ira tan pronto como comiencen a aparecer los síntomas. Nunca esperes, ya que la ira puede salir rápidamente de control.

Trata de evitar a las personas que te hacen enojar e irritar, y en cambio concéntrate en aquellas que son serenas y más fáciles de llevar. La mente estoica será capaz de descubrir quiénes encajarán mejor con ellos.

Realice alguna actividad con un propósito que pueda relajar la mente y hacer que el estrés y la ira desaparezcan.

· Encuentra entornos en los que puedas pasar tiempo y que tengan colores agradables.

No trates de entablar una conversación profunda cuando te sientas cansado.

No participes en estas mismas conversaciones profundas cuando sientas hambre o sed.

· Participa en la distancia cognitiva. Básicamente, esto es cuando aprendes a retrasar tus respuestas para que puedas reflexionar sobre ellas y elegir las reacciones correctas para la situación.

Este es solo un ejemplo de cómo puedes usar una mente estoica para ayudarte a lidiar con la ira que está surgiendo. Pero puedes emplear estos mismos pasos si estás lidiando con soledad, frustración, tristeza u otras emociones negativas. Es importante aprender a reconocer esas emociones y reconocer que están presentes. Pero a partir de ahí, puedes pasar a pensar lógicamente en cómo quieres que la situación se desarrolle, cómo quieres que te vean otras personas y mucho más.

Capítulo 9: Los Métodos Estoicos para Ayudarte a Mejorar tu Vida Moderna

Si estás buscando una guía que pueda ayudarte a mantener toda tu cordura en nuestro complicado y ocupado mundo moderno, entonces el estoicismo es la elección correcta para ti. Puede que te preguntes por qué querrías seguir una escuela de pensamiento que proviene de los antiguos griegos, pero cualquiera que lo haya probado en el pasado e implementado en sus vidas ha descubierto que puede ser una gran manera para mejorar sus vidas, controlar sus emociones, y mucho más. Nuestro mundo moderno, quizás más que en cualquier otro momento de la historia, realmente necesita un marco sólido para ayudarles a establecer prioridades, orientarse, y aprender a apreciar todo lo bueno en sus vidas mientras manejan todo lo malo.

Si bien las ideas del estoicismo pueden parecer complicadas o demasiado antiguas para aplicar a nuestras vidas modernas. Pero de muchas formas, cuando comienzas a incorporar estos principios en tu vida diaria, te sorprenderás de lo liberador que puede llegar a ser.

Cuando se trata de agregar más estoicismo a tu vida, hay cuatro virtudes principales que son muy importantes para ver resultados. Estas incluyen:

· Sabiduría práctica: Esta es el conocimiento de lo que es malo y lo que es bueno, y lo que se necesita hacer en ambos casos.

· Coraje: Esto no se trata solo de valentía física. También se va a hablar de valentía moral o del coraje que necesitas para enfrentar todos tus desafíos cada día con integridad y claridad.

Templanza: Esto va a ser el ejercicio de la moderación y el autocontrol en todos los diferentes aspectos de tu vida.

Justicia: Aquí es donde trabajarás en tratar a los demás de forma justa, incluso si te han hecho daño.

En la base de esta filosofía está la idea de respetar a otros seres humanos. Los antiguos estoicos fueron el único grupo de personas libres en ese momento que se oponían abiertamente a la esclavitud y consideraban que las mujeres tenían los mismos derechos que los hombres. Dicho esto, es una gran ideología para implementar en tu propia vida en cualquier momento en que desees realizar mejoras, o cuando sientas que las cosas parecen ser demasiado abrumadoras para manejarlas por ti solo.

En este capítulo, vamos a echar un vistazo a algunos desafíos modernos comunes a los que muchas personas tienden a enfrentarse, así como al enfoque que usarías como estoico para ayudarte a manejar esa situación. A medida que avanzas, rápidamente verás que este es un gran método para agregar a tu propia vida, que es sencillo y verás resultados en poco tiempo.

Estoy bajo estrés todo el tiempo.

A pesar de lo que pueda sentir a veces, el estrés no es algo que se te imponga. A menudo se convierte en una parte de tu vida porque tienes expectativas equivocadas, estás apegado a que ciertos resultados ocurran, o intentas controlar cosas a lo largo de tu vida que no puedes controlar.

Digamos que te gustaría terminar de preparar una habitación para que tus padres mayores se muden, pero no pudiste hacerlo para la fecha límite que te impusiste. Debes aceptarlo en lugar de enojarte y lamentarte. Recuerda que no siempre puedes controlar los resultados de las situaciones. Pero también puedes convertir esto en una buena experiencia de aprendizaje para establecer expectativas más realistas la próxima vez.

Una práctica que puedes probar cuando quieras lidiar con este problema es sacar un diario y escribir las respuestas a tres preguntas importantes. Estas preguntas son - ¿Qué podría haber hecho diferente hoy? ¿Cuáles fueron algunas de las cosas que hice bien hoy? ¿Qué hice mal hoy?

Tengo exigencias que realmente son implacables con mi tiempo.

Un estoico a menudo se dará cuenta de que su tiempo es un recurso muy valioso. Y se niegan a darlo fácilmente ya que nunca podrán recuperar ese tiempo. También saben que no deberían malgastar su tiempo en cosas que no valgan la pena. Como estoico, es importante aprender cuándo decir que no a las personas, especialmente cuando no es algo que quieras hacer o algo con lo que te sientas cómodo regalando.

En la misma idea, asegúrate de que no estás robando tiempo a las personas que realmente te importan. Sí, puede que tengas cinco horas disponibles después del trabajo, pero dar 4 a una persona puede significar que te pierdas tiempo con tu familia o aquellos a quienes más amas. Como estoico, debes poner un fuerte énfasis en la responsabilidad hacia tu familia, por lo que el tiempo que les quites nunca es algo bueno y deben evitarlo tanto como sea posible.

Termino por pasar mucho tiempo en línea, y luego me siento mal.

Como estoico, reconoces que la tecnología no es algo malo, pero tampoco siempre es algo bueno. La forma en que utilizas esta tecnología es lo que realmente está bajo tu control, y puede ayudarte a ser una mejor persona. No tienes que renunciar a la tecnología y al tiempo en línea solo porque eres estoico. Pero si estás perdiendo el tiempo en línea, difundiendo chismes en línea y usando eso en lugar de pasar tiempo con tu familia, entonces hay algo malo con la tecnología.

Si usas tu entrenamiento estoico de la manera correcta, descubrirás que la tecnología digital puede ser como un gimnasio de virtudes. Te brinda muchas oportunidades para ejercitar tu carácter y tus éticas. Cuando las personas dicen cosas que te hieren o son agresivas, puedes optar por no responder al tema. Puedes eliminar la publicación o dejar de seguir en su lugar si no puedes ignorarlo, pero evitar una gran confrontación puede ser la mejor manera de asegurarte de mantener el control sobre la situación sin dejar que te afecte demasiado.

Aunque no esté pasando mal financieramente, nunca me siento satisfecho con mis posesiones y riqueza.

Este es un gran problema que muchas personas en el mundo moderno sienten. Pueden tener un buen ingreso, pero a menudo nos vemos bombardeados con un montón de anuncios y otros medios que nos muestran vidas glamorosas. Vemos todas las cosas que otras personas tienen, y sentimos que nos estamos quedando atrás. Esta emoción de envidia y celos puede aparecer y hacer muy difícil ser feliz con las cosas que ya tenemos.

No hay nada en la ideología del estoicismo que diga que la riqueza es mala o que no puedas tener riqueza y usarla para tener una buena vida. Los antiguos estoicos venían de todos los ámbitos de la vida. Algunos eran esclavos y algunos eran muy ricos. No hay nada malo en el dinero o en tener dinero, pero el estoicismo a menudo lo ve como una gran tentación si no sabes cómo usarlo adecuadamente. Cuanto más riqueza tienen las personas, más se van a centrar en experiencias y posesiones caras, y más van a querer.

¿Cómo logras salir de este ciclo interminable de ganar más dinero, y luego querer siempre más? Primero, necesitas reconocer que las posesiones son simplemente objetos externos, cosas que puedes perder. Sí, es agradable tenerlas y tienes suerte de poseerlas, pero es posible que tu suerte cambie en cualquier momento, y entonces todas esas cosas desaparecerán.

Ahora, este es el peor escenario posible, perder todas tus posesiones. Ahora que has podido aceptar mentalmente este resultado, que es poco probable, puedes aprender cómo cambiar tu mentalidad sobre las cosas que posees. Si tienes problemas con esto, quizás quieras intentar "practicar" no teniendo cosas por un tiempo. Esto les ayuda a acostumbrarse a la idea de que todo lo que tienen será prestado por el universo, y tienes la suerte de tenerlos.

Cuando aprendemos a apreciar más las cosas que tenemos, y las vemos como regalos del universo, parte de esa anhelo por más riqueza, por más posesiones, desaparecerá. A veces se trata de eliminar algunas emociones, como la envidia y los celos, de la situación para ayudarte a apreciar lo que tienes y a alejarte de preocuparte por cosas materiales.

A medida que envejezco, siempre me preocupa la salud que tengo.

Todos tenemos condiciones de salud cuando envejecemos, no importa cuánto nos cuidemos a lo largo del camino. Aunque hay algunas cosas que puedes hacer para ayudar a mejorar tu salud, como comer de forma saludable, tener interacciones sociales en lugar de estar aislado, visitar al médico y ser físicamente activo, el envejecimiento puede alcanzarte. Puedes reducir la gravedad de ello, pero notarás una diferencia entre tu cuerpo de 60 años y tu cuerpo de 40 años.

En este escenario, es importante reconocer lo que puedes controlar y lo que no puedes controlar. También debes aprender a dejar de lado el deseo de controlar los resultados en tu vida porque estos están definitivamente fuera de tu control. Puedes evitar cosas malas, comer bien, hacer ejercicio y tomar las decisiones médicas correctas todo el día, pero aún así te enfermarás ocasionalmente, y no siempre puedes controlar el resultado de esa enfermedad.

En cierto sentido, cuando te preocupas demasiado por ti mismo y si te enfermarás o no, estás participando en una forma de narcisismo, una actitud que los estoicos querrán evitar. Puedes evitar esto simplemente reconociéndote a ti mismo tu lugar en el espacio y el tiempo. En un mundo donde centrarse en uno mismo se ve como algo completamente normal, esto puede llevar algo de tiempo. Y no es una invitación para olvidarte de ti mismo y nunca cuidarte. Pero es una forma de aprender a dejar ir varias cosas, como resfriarte, que no puedes controlar.

Siento miedo cuando pienso en morir.

No importa lo aterrador que pueda parecer para algunas personas, la muerte es natural, y es algo que le sucederá a todos. Debemos aceptar esto, o es imposible ser realmente feliz mientras vives tu vida. Si estás constantemente temiendo la muerte y preocupándote por ella, ¿cómo se supone que debes disfrutar la vida que tienes? No puedes controlar la muerte. Va a llegar en cualquier momento y de la manera que quiera sin importar lo que tengas que decir al respecto, y tratar de obligarla a comportarse de otra manera es inútil. Aceptar la muerte y la vida después de la muerte puede ser una buena manera de encontrar la verdadera felicidad.

Parte de aceptar la muerte es prepararse para ella, pero esto definitivamente no es algo en lo que los estadounidenses trabajen. Nunca redactan un testamento, no se preocupan por un poder notarial y nunca emiten una orden de no resucitar. Esto puede hacer que sea muy difícil al final de tu vida, tanto para ti como para aquellos que tienen que cuidarte.

Los estoicos consideran que es algo muy valiente prepararse para la muerte y el fin de la vida, y es un ejercicio refrescante. Este ejercicio te obliga a enfrentar tus miedos, tu ansiedad e incluso tu ira para que pienses de manera racional. Según incluso los estoicos más antiguos, la prueba más grande del carácter es cómo uno maneja los últimos momentos de su vida. Prepárate para el fin de tu vida con anticipación, enfrenta tus miedos, y pronto verás cómo ser un estoico puede beneficiar tu vida.

Los ejemplos que discutimos anteriormente son excelentes formas de mostrar cómo el estoicismo, a pesar de ser una filosofía antigua, puede ser utilizada en nuestro mundo moderno. Más que nunca, nuestro mundo moderno ha dejado a las personas emocionales, sin control, estresadas y sin saber qué hacer. Implementar la filosofía estoica en tu vida e intentar seguirla tanto como sea posible puede ser la respuesta que necesitas para ayudar a resolver muchos de los problemas principales que enfrentas hoy. Una vez que superes la idea errónea de que el estoicismo se trata de ser frío y sin sentimientos, verás que en realidad es un enfoque excelente que puede ayudarte a mejorar tu vida y ver grandes beneficios.

Capítulo 10: ¿Implementar el estoicismo en mi vida?

Esta guía ha dedicado algún tiempo a hablar sobre las diferentes partes del estoicismo. Hemos analizado los principios principales que vienen con esta antigua escuela de pensamiento, por qué es tan importante para las diferentes áreas de tu vida e incluso algunas ideas sobre cómo puedes empezar a implementarlo hoy. Pero ahora es el momento de echar un vistazo a algunos de los conceptos básicos de por qué deberías implementar el estoicismo en tu vida, y los fundamentos de por qué puede mejorar significativamente tu vida, incluso en nuestra vida moderna.

Te ayuda a construir mejores relaciones

Uno de los mejores beneficios que podrás obtener al comenzar con el Estoicismo es que te ayuda a tener mejores relaciones con todos a tu alrededor. Obtendrás el beneficio de tener una mejor relación con tu familia, amigos, compañeros de trabajo y con otras personas que encuentres cada día. Puede tomar algo de tiempo lograrlo, pero si trabajas en ello, verás una gran mejora en tu calidad de vida en general y en los tipos de relaciones que puedes disfrutar.

Piensa en lo difícil que es para otras personas estar cerca de ti. Cuando explotas por cosas pequeñas o te pones demasiado emocional y no puedes detenerte porque las emociones han empezado a dominar, puedes ser muy impredecible y difícil de llevar. Puedes alejar a mucha gente de ti, personas que realmente no quieren lidiar con todas las emociones, o que resultaron heridas en el camino y decidieron rendirse.

Con el estoicismo, puedes cambiar esto. Puedes tomar el control de esas emociones y decirles cuándo quieres que salgan. Esto no significa que no se te permita tener emociones en absoluto. Simplemente significa que necesitas dar un paso atrás de las emociones, pensar en esas emociones de manera objetiva, decidir si la situación justifica esas emociones en absoluto. Si la situación justifica la emoción, entonces puedes expresarla. Si la situación no justifica esa emoción, entonces necesitas aprender a dejarla ir y seguir adelante.

Te ayuda a no preocuparte por las pequeñas cosas

A menudo, las cosas que son más pequeñas son las que más nos alteran. Un vaso dejado en la encimera no es gran cosa, pero muchas veces lo magnificamos y luego terminamos peleando porque ese vaso fue dejado afuera. Nos preocupamos por llegar unos minutos tarde a la escuela. Nos preocupamos por lo que estamos usando y si alguien pensará que se ve mal. Nos preocupamos por un millón de pequeñas cosas, y dejamos que estas cosas tomen el control de nuestras vidas, pero ninguna realmente vale el esfuerzo.

Con el estoicismo, empezamos a analizar nuestras vidas y nuestras acciones, y tomamos decisiones conscientes sobre cómo queremos reaccionar a las cosas. Aprendemos a dejar ir todas las pequeñas cosas que no podemos controlar. Si llegas tarde al trabajo porque sales de casa demasiado tarde, entonces haz un cambio y sal de casa unos minutos antes. Pero si llegas tarde al trabajo una vez porque hubo un accidente en la carretera que detuvo todo el tráfico, entonces simplemente déjalo ir.

Te sorprenderás de la cantidad de pequeñas cosas a las que te aferras y conviertes en grandes problemas una vez que comienzas a analizarlas. Permitir que estas pequeñas cosas controlen tus emociones y causen problemas realmente no vale la pena. Usa el estoicismo para ayudarte a dejar ir las pequeñas cosas, mantener tus emociones bajo control, y ver cómo tu felicidad puede crecer con el tiempo.

Te ayuda a tener más control sobre tu vida.

¿Alguna vez sientes que estás perdiendo el control que deseas en tu vida? ¿Sientes que otros toman decisiones por ti, o que tus emociones arruinan todas tus relaciones? Entonces es hora de hacer algunos cambios y el estoicismo puede darte los resultados que deseas.

Si tus emociones tienen control sobre tu vida, se vuelve realmente difícil conseguir las cosas que deseas. Si un poco de enojo puede hacerte reaccionar exageradamente y luego haces o dices algo que no quieres, esto puede ser realmente dañino en muchos aspectos de tu vida. Si estas emociones de enojo te hacen ser grosero y decir cosas malas a tu pareja, entonces puedes darte cuenta de que se cansan y se van. Si permites que estas emociones salgan cuando estás en el trabajo u otras situaciones sociales, podrías dificultar hacer amigos, llevarte bien con los demás e incluso conservar tu trabajo.

Cuando empieces a implementar las ideas del estoicismo en tu propia vida, encontrarás que es más fácil recuperar ese control. Recuerda que el estoicismo no significa que tengas que estar desprovisto de emociones. Simplemente significa que decides cuándo y cómo usar esas emociones. Si analizas una emoción y decides que no es la correcta para esa situación, o decides que no quieres perder tiempo en esa emoción, entonces seguirás adelante y manejarás la situación de una manera diferente.

En algunos casos, sin embargo, puedes decidir que lo mejor es dejar salir la emoción. Los estoicos sienten enojo en algunos puntos. Pero en lugar de dejar que se convierta en una furia total y arruinar cómo interactúan con los demás, utilizan ese enojo para ayudar a decirle a alguien lo que les preocupa o incluso para efectuar un cambio en el mundo. Un estoico puede estar fácilmente feliz y alegre por algo, pero aprenden a manejarlo para que la emoción no se apodere y los convierta en algo malo. En el estoicismo, incluso hay espacio para otras emociones, el estoico simplemente tiene más control sobre ellas y puede tomar las grandes decisiones sobre cuándo y cómo usar esas emociones.

Puede ayudarte a manejar mejor el estrés

¿Cuántas veces sientes que el estrés se apodera de ti? Sientes que estás abrumado por lo que está sucediendo en tu vida, puedes querer gritar y enojarte, los músculos del cuello se tensan e incluso puedes apretar los puños a los costados. El estrés puede causar tantos problemas en el cuerpo, como una frecuencia cardíaca elevada, condiciones de salud, dolores de cabeza y mucho más. Pero a pesar de estos problemas, descubrirás que la mayoría de los estadounidenses están lidiando con el estrés, al menos a tiempo parcial, y no parecen poder deshacerse de él.

El estrés a menudo va a ser un efecto secundario de no poder controlar lo que está sucediendo a tu alrededor. Quieres tener control, pero te das cuenta de que algunas cosas simplemente no van a funcionar como te gustaría. Además, podría ser el resultado de problemas para administrar tu tiempo y decir no a cosas que realmente no significan mucho para ti (como ayudar más en el trabajo cuando preferirías pasar tiempo con tu familia), lo que puede hacernos sentir muy estresados.

El estoicismo puede ayudarte a lidiar con el estrés en tu vida. Aprendes a reconocer las emociones que están ocurriendo en tu mente, y luego puedes tomar decisiones basadas en lo que te hará más feliz y asegurará que obtengas lo que quieres en la vida. Cuando puedes tomar decisiones inteligentes que faciliten tu vida, y cuando aprendes a dejar ir las cosas sobre las que no tienes control, descubrirás que el estrés comienza a desaparecer.

Te ayuda a vivir en el momento presente.

¿Cuántas veces enfocas tu energía en pensar en lo que pasó en el pasado, o en lo que va a suceder en el futuro? Ahora compara ese tiempo con cuánto tiempo en realidad pasas concentrándote en el aquí y el ahora, en las cosas que realmente importan en este punto de la vida. A menudo, lo último solo va a ocurrir cuando algo grande y significativo sucede en nuestras vidas, pero como resultado, nos estamos perdiendo tantas cosas que podrían ser increíbles.

Deja de enfocarte tanto en el pasado y en el futuro. No puedes hacer nada sobre lo que sucedió en el pasado, y hasta que alguien cree una máquina del tiempo y puedas usarla para regresar, simplemente debes vivir con lo que ocurrió. Y aunque puedes tomar decisiones diferentes para influir en el futuro, tampoco puedes tener un control total sobre lo que te va a pasar en el futuro. Entonces, ¿por qué preocuparte tanto por ello y por qué gastar tanto tiempo enfocándote en ello, cuando podrías simplemente enfocar tu energía en el aquí y ahora y ver algunos resultados excelentes en su lugar.

Te ayuda a dejar de preocuparte por lo que los demás piensan de ti

Nos ha pasado a todos. Nos preocupamos por la forma en que los demás nos perciben. Nos vestimos de cierta manera porque creemos que es importante tener una apariencia específica para diferentes eventos. Nos preocupa que cuando nos equivoquemos, los demás pensarán menos de nosotros y se burlarán de nosotros, y esto puede causar una serie de otros problemas en el camino.

Con el estoicismo, puedes aprender a no preocuparte tanto por estas cosas. Puede ser difícil. Vivimos en una sociedad donde las apariencias parecen importar más de lo que deberían, y todos queremos cumplir con un estándar imposible que a los famosos les gusta imponernos. Pero este no es el modo en que la mayoría de las personas viven, y tampoco deberías hacerlo tú. Simplemente agrega estrés, saca a relucir nuestras propias inseguridades, y mucho más.

El estoicismo puede ayudarnos a dar un paso atrás y no enfocarnos tanto en lo que piensan los demás. En cambio, aprenderás más acerca de cómo dar un paso atrás, entender por qué tu apariencia ante los demás es tan importante, y luego hacer los cambios necesarios para liberarte de esa idea y simplemente disfrutar de la vida en su lugar.

Aprende a estar agradecido por lo que tienes.

A menudo nuestras emociones pueden hacernos sentir ingratos o tristes por las cosas que tenemos. Podemos tener un buen lugar para vivir, comida en la mesa y mucho más, pero aún sentimos que nos estamos perdiendo algo o que no tenemos las mismas cosas o calidad de vida que otros tienen. Esto puede hacer que sea difícil sentirnos felices, y esos sentimientos de enojo, celos y envidia solo empeoran.

Cuando podemos implementar las ideas del estoicismo un poco más en nuestras vidas, descubrimos que es más fácil estar agradecidos por lo que tenemos. Cuando vemos que alguien más tiene algo bonito, o algo que queremos. Podemos elegir no reaccionar y luego dar un paso atrás y ver todas las cosas buenas que sí tenemos. Y una vez que observamos detenidamente todas las bendiciones que ya poseemos, se vuelve mucho más fácil estar agradecidos.

Implementar el estoicismo en tu vida no siempre va a ser fácil. Los humanos pueden ser criaturas muy emocionales y apagar esas emociones, o al menos ser capaces de controlarlas y reflexionar críticamente sobre ellas, no es algo a lo que estemos acostumbrados. Pero los consejos y trucos en esta guía están ahí para ayudarte en el camino y te brindarán la orientación y ayuda necesaria para realmente ver cómo el estoicismo puede funcionar para tus necesidades.

Capítulo 11: ¿Es posible volverse demasiado estoico?

La siguiente pregunta que puedes tener sobre la ideología del estoicismo es si es posible ser un estoico extremo. ¿Es posible llevar esta idea demasiado lejos y volverse tan estoico que nadie quiera estar cerca de ti? Si estás siguiendo los principios que los padres fundadores tenían con el estoicismo, no es posible llevar esto a un extremo. Dicho esto, el estoicismo a veces puede ser utilizado de manera inapropiada y esto le ha dado mala fama como una existencia sin emociones donde la persona es excesivamente lógica y fría y no toma en consideración los sentimientos de la otra persona.

Cuando se trata del estoicismo, descubrirás que puede ser la combinación perfecta de compasión y lógica. Todavía puedes sentir tus emociones, todavía puedes sentir la situación de otra persona, respetar sus límites y las leyes de la naturaleza y de esta tierra, y aún así tomar decisiones que sean lógicas y que no tengan emociones que las controlen o las impulsen. Aunque no parezca así para alguien que no ha practicado el estoicismo, las emociones en realidad son una gran parte del proceso de toma de decisiones. Simplemente decides de manera lógica si permitirás que las emociones jueguen un papel en tu reacción o no.

Digamos que estás pensando en cambiar de trabajo. Hay algunos beneficios que vienen con trabajar en tu trabajo actual, incluyendo un coche de empresa y un buen paquete de beneficios que ya disfrutas. Basándote en la idea de la seguridad financiera, realmente no tienes un buen motivo para dejar este puesto. Sin embargo, a cambio de estos beneficios, tienes muchas horas largas y estrés por estar allí, y te sientes bastante agotado cada día. Esto puede afectar negativamente tus relaciones e incluso tu capacidad para encontrar algo de alegría en la vida.

En muchos casos, un individuo, incluso uno estoico, decidiría dejar su trabajo seguro e irse por otro si tuviera un salario decente, buenos beneficios y prometiera menos horas para poder disfrutar de la vida. Estas decisiones pueden no parecer lógicas al mirar las finanzas, pero las consideraciones emocionales entraron en juego con esta decisión.

Si el estoico se tratara únicamente de la lógica de las cosas tangibles, como sus ingresos, habría una solución; quedarse donde está. Pero nadie es capaz de ignorar completamente sus emociones. De hecho, los sentimientos y emociones, específicamente la respuesta al estrés, son la forma en que el cuerpo te dice que algo está mal y que necesitas hacer algunos cambios en tu situación. Las emociones no tienen que ser ignoradas en ninguna situación, pero debes considerarlas realmente al tomar decisiones, en lugar de dejar que te dominen y te controlen.

Incluso como un estoico, tus decisiones serán un equilibrio entre la razón lógica y emocional. Un buen compromiso sería seguir en el primer trabajo mientras buscas un nuevo lugar para trabajar. Esto significa que aún puedes recibir tu ingreso y tus beneficios hasta que encuentres algo que disfrutes más.

Si comienzas a perder conexiones con los demás, entonces sabes que has llevado la idea del estoicismo demasiado lejos. Pensar demasiado lógicamente significa que vas a dedicar demasiado tiempo lejos de algunas de las cosas sencillas que deberías disfrutar en la vida. Y ser demasiado lógico puede hacerte parecer frío e insensible hacia los que te rodean, alejando las relaciones. El estoicismo debería ser una forma de mejorar tus relaciones, no de alejar a los demás. Si sientes que la gente se está alejando por la forma en que actúas, entonces es hora de hacer algunos ajustes en lo que estás haciendo con el estoicismo.

Capítulo 12: Cómo utilizar el estoicismo a largo plazo

Si decidiste que era hora de incorporar el estoicismo en tu vida a partir de mañana, ¿dónde sería el mejor lugar para empezar? Realmente no hay un punto de inicio claro, porque, al igual que cualquier otra filosofía, el camino no siempre es directo. Tu mejor opción es aprender tanto sobre el estoicismo como sea posible, y luego avanzar desde allí. Aprender nuevos conceptos puede requerir algo de práctica, y experimentar un poco con el estoicismo y ver cómo funciona para ti.

Ir de un desastre emocional, como muchos de nosotros, a un estoico puede ser un gran ajuste para el cerebro. Necesitas realmente pasar y reconfigurar la forma en que piensa. Cuanto más empieces a escuchar sobre el estoicismo, más te rodees de las ideas que vienen con el estoicismo, y más te expongas al estoicismo, más fácil será reconfigurar el cerebro para comportarse de la manera que deseas. Incluso comenzar haciendo algo de meditación puede marcar una gran diferencia en cómo ves el mundo, cuánto puedes controlar tu ira y cuánto puedes implementar el estoicismo en tu vida.

Durante este tiempo de educación, asegúrate de poner en práctica las palabras que más te impacten. Si hay ideas o pasajes que parezcan resonar contigo, asegúrate de añadirlos a tu catálogo moral. Si te gusta la idea de tener control sobre tus emociones, entonces trabaja en eso. Si te gusta la idea de soltar las cosas que no puedes controlar, entonces enfoca tu energía en eso.

A medida que aprendas más sobre el estoicismo, hable con otros que lo utilicen, y simplemente te familiarices más con el estoicismo, encontrarás muchas cosas que realmente captarán tu interés. Manténlas cerca y, cuando las cosas se pongan difíciles, asegúrate de recordártelas a ti mismo. Recuerda que solo escuchar estas palabras de manera regular puede ser suficiente para reentrenar el cerebro a una nueva forma de pensar. Escribe las ideas y luego revísalas ocasionalmente, y observa la diferencia que pueden hacer en tu vida.

Pero todo tu proceso en el Estoicismo no debería limitarse solo a leer y escribir cosas todo el tiempo. Necesitas realmente ponerte a trabajar y llevar a cabo algunas acciones para obtener los beneficios del Estoicismo en tu vida. Necesitas monitorear conscientemente tus emociones a lo largo del día. Esto no sucederá por sí solo. El cerebro tiende a mantener sus hábitos tradicionales y formas de pensar. Tienes que realmente analizar tus emociones y lo que quieres que suceda en lugar de simplemente dejar que esas emociones ocurran.

Por ejemplo, supongamos que te sientes molesto o ansioso. Puedes tomarte un tiempo para sentarte con esos pensamientos, sin reaccionar, y descubrir qué es lo que los está causando en primer lugar. Lo que quizás no te des cuenta aquí es que tus emociones van a tener una conexión directa del cerebro al cuerpo. Cuando nuestro estómago se siente como si estuviera hecho un nudo, a menudo es el cerebro tratando de señalarnos que algo no está bien en ese momento. Si puedes averiguar qué está causando esos sentimientos, entonces te será más fácil hacer que desaparezcan.

Otra cosa en la que puedes trabajar cuando comienzas con el estoicismo es no preocuparte por las pequeñas cosas. Muchas veces, las cosas que realmente parecen molestarnos son las cosas más pequeñas, las que no importan tanto. La próxima vez que te quedes atrapado en el tráfico, o tengas que escuchar a tu jefe hablar interminablemente durante una reunión, permite que las emociones aparezcan, pero luego invítalas a pasar de largo.

Sí, a veces te vas a sentir enojado o molesto por la situación, pero esos momentos van a pasar. Permítete notar el sentimiento, pero luego decide activamente que no le vas a asignar ningún valor en absoluto, y no vas a reaccionar, hasta que la mente haya tenido un momento para repasar la información.

Una vez más, una de las mejores cosas que puedes hacer cuando comienzas con el estoicismo, especialmente si eres propenso a sentir mucha ira, estrés y frustración, es la meditación. Hay muchos métodos diferentes de meditación que puedes probar, y todos ellos pueden proporcionarte excelentes resultados. El objetivo aquí, sin importar qué forma de meditación decidas seguir, es ayudarte a aprender más sobre tu yo interno, tomar un descanso de la vida y darte cuenta de que las pequeñas cosas no importan tanto.

Solo necesitas dedicar unos quince minutos al día, ya sea temprano por la mañana o justo antes de acostarte. Es tiempo suficiente para calmarte, despejar la mente y ayudarte a tomar control de lo que estás sintiendo. Explora diferentes tipos de meditación y prueba algunos de ellos para descubrir cuál te gusta y con cuál quieres seguir.

Usando el estoicismo para planificar tu futuro.

Planificar tu futuro puede ser una tarea aterradora para algunas personas. Se preocupan de que no tendrán suficiente dinero para pagar las facturas. Se preocupan de que algo malo pueda pasar. Pero la mayoría de las personas simplemente tienen miedo de las cosas que no pueden controlar y que pueden encontrarlas cuando piensan en el futuro. Pero cuando pasas todo tu tiempo consumido por el miedo sobre el futuro,

Aunque el destino va a jugar algún papel en cómo resulta tu vida, tu nivel último de felicidad va a depender de ti. Esta es tu oportunidad de sacarle el máximo provecho a tu vida. Esto puede significar que necesitarás hacer algunos cambios grandes en tu vida, o podría ser tan simple como reorganizar cómo ves lo que ya está sucediendo en tu vida. Antes de hacer los cambios importantes, explora hacer algunas reorganizaciones pequeñas para ayudarte a hacer esto de la manera más efectiva.

Por ejemplo, cuando miras tu vida, ¿ves que realmente es tan indeseable, o simplemente eres poco apreciativo o egoísta con lo que ya tienes en tu vida? Si descubres que solo estás siendo egoísta, entonces lo único que necesitas hacer es aprender a controlar tu pensamiento y tu estado emocional, y las cosas mejorarán. Si miras a tu alrededor y notas que tu vida realmente no es deseable, entonces es hora de hacer algunos cambios importantes en tu vida para agregar más felicidad.

Si decides que es hora de hacer algunos cambios importantes en tu vida, entonces es hora de descubrir qué quieres hacer para poder hacer un plan. Hazte algunas preguntas como "¿Qué podría estar haciendo para vivir una vida más plena? ¿Qué estoy haciendo ahora que me hace feliz? ¿Qué estoy haciendo para darle significado a la vida de los demás?"

Si bien estas preguntas pueden parecer un poco vagas en algunos casos, ese es un poco el punto. Cada uno de nosotros necesita explorar estas preguntas por nuestra cuenta y encontrar las respuestas. Cada persona va a llegar a respuestas diferentes y es probable que cambien. Pero depende de ti encontrar las respuestas a todas estas preguntas y luego idear el plan que te llevará hacia adelante.

En este punto, es posible que no sepas cómo empezar en el estoicismo y cómo puedes crear un plan para mejorar tu propia vida. Aquí hay algunas tareas concretas en las que puedes pensar para ayudar a que este plan se inicie. Primero, elige un objetivo tangible que desees alcanzar y luego escríbelo. Pegalo junto con algunas de tus citas favoritas del estoicismo y déjalas en un lugar donde puedas encontrarlas fácilmente.

Digamos que tuviste una gran idea de volver a la escuela para estudiar arte. Esto es algo que siempre quisiste hacer, pero escuchaste a tu mente lógica y optaste por una carrera que tenía más dinero y estabilidad. Sin embargo, tu carrera actual no ayudó realmente a llenar tu alma. Así que, ahora estás listo para regresar a la escuela de arte y ver cómo te va.

En este punto, la pregunta es, ¿cómo vas a hacer esto? ¿A dónde vas a ir a la escuela? ¿Necesitarás ayuda financiera para la escuela? ¿Cuánto tiempo puedes dedicarle a esto? ¿Seguirás trabajando mientras vas a la escuela y cómo afectará esto tu plan general? ¿Quieres hacer esto como un trabajo secundario o te gustaría hacer esto como una carrera a tiempo completo?

Piensa en todos los pequeños pasos que necesitarás tomar para ayudarte a alcanzar estos objetivos. Luego asegúrate de anotarlos. Una vez que tengas todos los pasos diferentes en su lugar, puedes dividirlos en pasos pequeños para darte un mapa claro. Recuerda que una mente estoica a menudo va a ser una mente lógica. Está bien seguir algunas de las pasiones que tienes en la vida, pero si simplemente te lanzas por las emociones, sin pensar en las consecuencias o en el plan de ataque, entonces no estás trabajando como un estoico. Escribir todo esto como un plan pensado realmente puede ayudarte a asegurarte de que lo hagas de la manera correcta.

Durante todo este proceso, es posible que te sientas abrumado/a con todos los pequeños detalles y el trabajo duro que se necesita para llegar a la meta. Incluso puedes empezar a sentir un poco de ansiedad y miedo al comenzar a construir tu camino. Este es otro lugar donde el estoicismo puede entrar en juego también. Utiliza las habilidades que has aprendido con el estoicismo para dar un paso atrás y sentarte con tus emociones.

Piensa en lo que realmente está causando estas emociones. ¿Tienes miedo de todo el trabajo que tienes que hacer para alcanzar tu objetivo? ¿Tienes miedo de que vayas a fracasar? Mientras piensas en este objetivo, considera cuál sería el peor escenario si no obtuvieras tu título de arte. Si tienes un plan establecido, lo más probable es que lo peor con que tengas que lidiar es que te quedes en tu trabajo actual y no puedas seguir tus pasiones. Esto puede ser difícil, pero al menos aún tienes estabilidad y un trabajo, y puedes regresar y probar algo más tarde.

La motivación para trabajar realmente en algunos cambios en tu vida, y enfocarte en las cosas que te hacen feliz puede ser la raíz del estoicismo. Si bien te pide que reflexiones sobre tus emociones y tengas un plan de ataque cuando estés listo para manejar cualquier situación fuera de tu control, estos pueden ser utilizados para ayudarte a ver el éxito que deseas en la vida. Para algunas personas, esto puede resultar difícil de hacer. Quieren seguir sus emociones porque es fácil, pero como vimos en el ejemplo anterior, muestra que puedes escuchar tus emociones, pero aún así usarás tu lado lógico para ayudarte a tomar esa decisión.

Puedes usar estas mismas ideas cuando se trata de cualquier decisión importante que desees seguir. Piensa en aquello que va a marcar la mayor diferencia en tu vida. ¿Qué es lo que te va a hacer feliz en el aquí y ahora? Una vez que lo tengas claro (y puede estar influenciado por tus emociones), puedes usar tu mente estoica para idear un plan lógico para realmente alcanzar los resultados que deseas para tener éxito.

Ahora que te has dado ánimos, es hora de repasar esa lista que hiciste, tachando las tareas hasta que hayas llegado a la meta. Mantén la imagen general en mente todo el tiempo. Y cuando realmente alcances la meta, descubrirás que estás haciendo algo que realmente amas, algo que te ayuda a hacer una buena contribución a tu comunidad, y también obtienes el beneficio de disfrutar de los frutos de tu trabajo en el camino.

Planificar tu futuro puede ser difícil. Hay tantas variables que entran en juego, pero a menudo la razón principal por la que no nos sentamos a pensar en nuestro futuro es que tenemos miedo de lo que sucederá. Una vez más, hemos decidido dejar que las emociones obstaculicen nuestra propia felicidad, y nos hemos apartado de utilizar el pensamiento lógico para mejorar nuestras vidas. Cuando comiences a trabajar más con el estoicismo e implementarlo en tu vida con las herramientas que discutimos en esta guía, descubrirás que puede hacer grandes mejoras en tu futuro, y puedes planificar tu futuro mucho mejor de lo que podrías haber imaginado.

Conclusión

Gracias por llegar hasta el final del estoicismo. Esperemos que haya sido informativo y capaz de proporcionarte todas las herramientas que necesitas para alcanzar tus objetivos, cualesquiera que sean.

El siguiente paso es encontrar formas en las que puedas implementar el estoicismo en tu propia vida. Muchas personas tienen la idea equivocada sobre el estoicismo. Piensan que, para ser estoicos o seguir cualquiera de las ideas que vienen con el estoicismo, necesitas carecer de emociones, ser frío y carecer de simpatía por otras personas. Pero, como exploramos a lo largo de este manual, los estoicos no están ausentes de emociones, simplemente saben cómo tener emociones sin preocuparse por cómo esas emociones van a tomar el control sobre ellos.

Vivir una vida de estoicismo es una gran opción con la que trabajar. Puedes evaluar todas las emociones que tienes y elegir si quieres expresarlas o seguir un camino diferente. Esto te brinda mucha libertad, puede mejorar tus relaciones, ayudarte a avanzar en la vida y es una de las mejores formas de mejorar tu calidad de vida.

Cuando estés listo para aprender más sobre el estoicismo y cómo puede beneficiar tu vida, asegúrate de echar un vistazo a través de este manual para ayudarte a comenzar.

www.ingramcontent.com/pod-product-compliance
Lightning Source LLC
Chambersburg PA
CBHW071716020426
42333CB00017B/2295